教育思想双書 10

都市とアーキテクチャの教育思想

保護と人間形成のあいだ

山名　淳

勁草書房

はじめに

一九九九年に神戸から東京へ引っ越した頃のことだから、もうずいぶん前のことだ。新しい通勤路には、遠くに富士山を眺望できる場所があった。そのことに気づいたのは、東京に住み始めて半年ほど経ってからのことだった。春から夏にかけて、その場所から富士山はほとんどみえなかった。季節が秋から冬に移る頃、空気が透明度を増したことによって、私はようやく富士山を〈発見〉したのである。麓で眺めるのとは比べものにならないかもしれないが、それでも車で行けば裾野までおよそ一時間半程度の距離にある富士山は、私には雄大にみえた。朝方に富士山が眺められた日には、何となく得をした気分になった。

その場所で富士山が眺められたのは、一本の道路が富士山の方向にまっすぐ延びていたからだ。自分と富士山のあいだに、視角上の障害物は何も存在しなかった。最初は大都会で悠然とした自然を眺望できる「偶然」に感謝していたのだが、その後しばらくして、ふと考えた。ひょっとしたら、この道路は富士山が見渡せるように計画してつくられたのではないか。この地域に長く住んでいる人に尋ねてみると、どうやらこの推測は当たっていたようで、新たな都市計画が遂行される過程でこの道路は設えられたということであった。ちなみに、この道路は「富士見通り」と名づけられている。空間構成上のもくろみがその名称に刻印されているのである。小さな幸福の光景は、私が自力で〈発見〉したなどというものではなく、誰かによってすでに仕組まれたものであったことに思い至って、何となく複雑な気持ちになった。小癪に障った、とでも表現したらよいだろうか。

教育とは、富士山を眺望できる――あるいは眺望させられる――この計画化された道路のようなものかもしれない。そう感じるのは私だけだろうか。あるねらい（富士山）が定められたうえで特定の構造（「富士見通り」）がつくられ、そのような構造によってある行為（眺望することや〈発見〉すること）が促される。そして、私たちのうちに何か（喜びやすがすがしさ）が引き起こされる。なるほど教育の場合には、何よりもそこにいる人間どうしの関係性が決定的に重要であり、あらかじめつくられた構造が一方的に活動の性質を決定するわけではない。とはいえ、そうした関係性もまた構造的なるものに左右される、ということは否めない。

「富士見通り」は、教育に似ているだけではなく、教育的でもある。この道路は、伝統のなかですでに肯定的に意味づけられた富士山を利用した構造であると同時に、そうした構造をとおして富士山へのまなざしを促すことでその価値を強化する。もしそのようにいえるとすれば、この空間構成は、そこを通行する人びとの気分や感情のみならず、価値観などにも作用を及ぼすということになる。もっとも、計画者の思惑どおりに構造が作用を及ぼす保証はどこにもない。何かをまなざすように誘導されることに心地よさを感じる者もいれば、そのことが小癪に障る者もいる。だが、そもそも教育とはそういうものだ。成長することがある特定のねらいに向けて誘導されることに対して従順に反応する者がいるかもしれないし、それに抵抗する者がいるかもしれない。作用は完全にコントロールされるわけではない。だが、その構造がなければ生じなかったはずの多様な反応を引き起こすのである。

富士山に向かって延びる一本の道路は、本書における考察の観点でもある広義のアーキテクチャ（人間が生み出す構造的なるもの）の一例である。アーキテクチャは、たんに教育に似ているということや、あるいは教育的であるということを超えて、教育の意味世界を生み出すきっかけとなることがある。このことは、とりわけ都市という複合的なアーキテクチャについて当てはまるように思われる。一方において都市は人間を成長させるといわれることがある（「都市でこそ人は洗練される」など）。他方において、その同じ都市が人間を危うくさせると警鐘を鳴らされる（「都会に住むと冷淡になる」など）。それらの批判と評価が相俟って、人間がつくりだした環境としての都市が人間自身にとって何であるかがあらためて省察され、それにもとづいてアーキテクチャの〈改善〉が試みられる。あるときは自然環境への回帰が志向され、またあるときは明確な機能性重視の構造が目指され、またあるときは――「富士見通り」はその典型であるが――その両方が組み合わされる。そのような思考法は、都市そのものを、またその部分としての公園や学校などを変形していく原動力となる。本書は、この点に注目して、都市に触発された教育の意味世界の拡がりについて論じるものである。

一つの見通しを示しておこう。それは、都市に対するさまざまな診断をもとにして人びとを保護する構造をつくりだすことが促されるのではないか、ということだ。だが、〈教育的保護〉と本書で表現するような保護の在り方は、たんに安全で秩序だっているだけであることをよしとしない。成長の契機を生み出すために、アーキテクチャはいわば自らの論理にしたがってときとして保護の構造に〈穴〉を空ける。そして、そのような〈穴〉とどのように折り合いをつけるかという課題を自らに突きつけるのである。そうした問題の先には、構造的なものにますます重層的に覆われていくかにみえる今日の社会の問題を見据えることもできるだろう。とりあげる具体的な事例は、私がとくに関心を寄せてきたドイツに関することが多いが、そこから導き出される見解の多くは特定の国や文化圏に限定されない一般性を帯びていると思う。

都市とアーキテクチャの教育思想——保護と人間形成のあいだ／目次

目　次

序論　教育にとってアーキテクチャとは何か

保護と教育のねじれた関係

本書に収められた都市とアーキテクチャをめぐる論考において、一貫して関心の中心にあるのは、教育をめぐる保護の問題である。そうした関心の所在をあえて一言で表現すれば、〈教育的保護〉ということになるだろうか。この言葉は、一見して奇妙に思われるかもしれない。というのも、もともとより保護と教育は密接に結びついているとみなされているからだ。とりたてて二つの要素を「的」の文字で接続する必要などあるのだろうか。そのような疑問の声が今にも聞こえてきそうな気がする。

たしかにそうかもしれない。だが、教育にかかわる保護は、おそらく私たちが通常理解している保護の意味、つまり外部からの危険や脅威などからかくまうことを含みながらも、それとは必ずしも同一視できない側面を有している。教育における保護の場は、安全で秩序だっていればそれでよいというわけではない。安全化や秩序化を徹底することによって、むしろ教育が目指していること

――たとえば個人の自律性やある知識・技能の獲得など――から遠ざかっていくことがあるのを、私たちは身近な体験から知っている。過保護は、その極端なケースとして認められる現象であろう。教育にとって保護は必要だが、その同じ保護が教育の阻害要因になりうる。そのかぎりにおいて、教育と保護とは不可分でありながらも緊張関係にあるといわざるをえない。両者のねじれた関係を一つの枠に収めた〈教育的保護〉こそ――そのように表現されたことはこれまでないにしても――教育の根幹に位置しているとみなされてきた問題であるのではないだろうか。

社会の問題が教育に濃縮する

人間の成長を停滞させるような保護を警戒し、成長を促す保護のあり方を模索することは、哲学の伝統的な課題のうちに属している。その際にしばしば主題となってきたのは自律性だ。カント（Kant, I.）がスペインの王フェリペ四世を例として挙げながら論じたとおり、あらゆることを自分以外の人びとや社会の仕組みに任せられるような保護状態は、自分で考えることを怠る「未成人」状況からの脱却を困難にする。カントの紹介によれば、フェリペ四世は、自分のことをほとんどお付きの贖罪師に任せていた。その贖罪師が死に臨む時期を迎えたとき、王は彼に対して、自分が幸福であるためにはなお何をなさねばならないかを文書に残すように求めた。その文書は完成したが、実行に移されることはなかった。王は贖罪師による保護のもとで自らが思考しえない状態に、つまり「未成人」状態にとどまってしまった。カントは、保護をめぐるこうした問題を、『啓蒙とは何

めぐる問題の所在を言い当てた哲学者の一人といえるかもしれない[1]。

実在したフェリペ四世がそのような人物であったかどうかは、ここではさしあたり重要な問題ではない。注目したいのは、完全な保護のもとで「未成人」でしかありえなかった人物の象徴としての「フェリペ四世」であり、そのような人物を生み出す保護に対するカントの見解が私たちに与える示唆である。「フェリペ四世」のたとえは、〈教育的保護〉をめぐる問題が他の種類の保護——たとえば法的保護、経済的保護、政治的保護など——と峻別されるものとしてではなく、保護一般を貫くかたちで立ち現れるようなものとして想定されることを教えてくれる。カント自身は、基本的に教育の問題というよりは、むしろ政治の問題としてスペインの王の事例をとりあげている。彼は、「フェリペ四世」を人びと一般のあり方に置き換えつつ、「民衆の安寧のために配慮する自然的政府は最も危険である」（Kant 1925: 91）と述べる。「自然的政府」は、民衆の幸福や福祉を第一の課題として掲げるが、まさにそれゆえに「成人性」に到達するための最大の障壁になりうる、というわけだ。

ただし、〈教育的保護〉の問題が最も根深く関連している領域があるとすれば、それはやはり教育であろう。カントによれば、「自然的政府」においては、親が子どもに対して示すのと同様の行為を民衆に対してなすのだという。親と子の関係が「成人性」への到達をはばむようなあしき人間関係の比喩として用いられていることを見過ごしてはならないだろう。ここでは、とりわけ教育という営みには、保護をめぐる問題が不即不離のかたちで組み込まれているということがほのめかされている。〈教育的保護〉が教育の根幹に位置していると先ほど述べたのは、これと別のことではない。

「フェリペ四世」の事例から、おおよそ次のようなことが導き出されるのではないだろうか。教育を超えていく問題でありながら、教育の領域に濃縮したかたちであらわれる問題。それが〈教育的保護〉である、と。〈教育的保護〉をめぐる問題は、いつか解決されうるようなものというよりは、基本的にはその時々の時代や社会の文脈に応じてつねに問われるべきものとして意識されるはずだ。しかも、すでに示唆したとおり、おそらく狭義の教育領域を超えて。ただし、自律性、自立的思考、成人性、といった近代において強調された価値に疑いの目が向けられないかぎりにおいて、の話である。

教育と保護の結びつきの動揺

近年、保護をめぐる問題は、教育との関連においてこれまで以上に多様な角度から検討されつつあるようにみえる。児童労働や捨て子、里子、孤児などに関する問題をもより広く視野に捉えて保護の領域を歴史学的に再検討することを試みた研究（橋本・沢山 2014）、またそれと対をなして福祉国家の歴史的な変遷のうちに教育の問題を読み直そうとした考察（広田・橋本・岩下 2013）、高度経済成長期につくられた教育と雇用と福祉の関連構造が動揺しているという現代の危機診断をもとにして新たな保護の構造を模索した、教育社会学と教育哲学の対話の試み（広田・宮寺 2014）などをあげることができる。さらに、虐待の問題に象徴されるように、本来は保護の場の原型をなしていたはずの家庭こそが保護を必要とする現場と化すようになった事態を歴史的に（土屋 2014）、また体系的に（宮寺 2015）捉えようとした試みも、そこに加えられるかもしれない。

そのような保護をめぐる多様な議論を鳥瞰してその内容を検討することはここでの目的ではない。ただ、注目しておきたいのは、自律性や自立的な思考とかかわるような保護のあり方が今日においては無前提に肯定されているわけではない、ということである。それどころか、自律性を促す営みと危険からかくまうこととを、つまり教育と狭義の保護とを問題構制のうえで区別したうえで、両者の連結に慎重な態度を示す傾向さえ見受けられる。子どもの貧困率の悪化や虐待などの問題化に鑑みて当面の安全と秩序こそが喫緊の課題として意識されるような社会状況では、保護の問題をこととさらに教育と結びつける論理は、個人をつねに社会で有用な人材へと仕立て上げることを正当化し、それによって保護をその根幹から脅かしうるのではないないか。ときとしてそのような警鐘が鳴らされるのである。(2)

そうした議論状況を意識しつつ、それでもなおここで教育と保護とをあえて明瞭に接続して〈教育的保護〉という言葉を用いて本書の関心を提示する理由は、教育と保護とを分断する力学に抗して両者の結びつきを擁護するなどということにはない。そのような力学をめぐる今日の議論が、保護と教育とのすでに知られたねじれた関係性をめぐる検討の現代的なバリエーションであると認めたうえで、それではなぜそうした問題の多い〈教育的保護〉が強化されてきたのかと問うこと。教育と保護とを結びつけるような論理や行動はいったいどこからやってきたか、そして何をもたらしたのかを追究すること。今日では必ずしも自明のものとはいえなくなった教育と保護との連関をあらわに示して〈教育的保護〉といういささかぎこちない命名を試みるのは、そのような問いかけの余地を議論の場に確保するためである。

「教育現実」による保護

教育と不可分な保護については、これまでもときおり言及されることがあった。たとえばアドルノ（Adorno, Th.W.）。彼によれば、無防備のまま社会に放り出された人間は社会に適合することを迫られる。それゆえ、「人間形成が必要とするのは、押し寄せる外界の圧迫から保護されている状況」（Adorno 1990 = 邦訳 70）であるという。[3] 人間と社会の間に「ある確固とした個々の主体へのいたわり」（Adorno 1990 = 邦訳 70）があってこそ、人間はさまざまな可能性に開かれていくと考えた。〈教育的保護〉とここでいうときに念頭にあるのは、アドルノによるこうした保護という語の使用法である。さらに、パーモンティエ（Parmentier, M.）は、アドルノによる上述の見解を引き継いで、社会との緩衝地帯としての「軽減された現実（die gemilderte Realität）」（パーモンティエ 2012: 18）を実現する空間として、学校やミュージアムなどを解釈すべきであると主張した。

そのような保護の在り方についてある具体的なイメージを提供した人物として、モレンハウアー（Mollenhauer, K.）の名を挙げてもよいかもしれない。注目されるのは、彼が教育の一般的な性質について語るなかで言及している「背負いかご」のたとえである。彼は、アメリカ合衆国の「黒足インディアン」の酋長が一九二八年に執筆した自伝におけるあるエピソードをとりあげている。それによれば、「黒足インディアン」と敵対していた「烏インディアン」との戦いで、作者の母親の兄弟が殺され、母親は古くからのしきたりによって悲しみの印として指を切り落とすという出来事があった。まだ赤子であった作者は、このとき「背負いかご」に入って母の背に負われていた。母が手から血を流し、泣き悲しんでいたこと。周りには恐ろしい雰囲気が張りつめていたこと。この戦いにまつわるそうした記憶が「人生の最初のできごと」（Mollenhauer 1985＝邦訳 35）として作者の心に刻まれたという。

作者である酋長によれば、「背負いかご」のなかで揺られながら出来事の直中にいたことで、子どもは上述の体験をしたわけだが、ことの経過そのものから子どもは引き離されており、守られていた。「背負いかご」は、したがって、保護と参加という二つのことを可能にする道具であり、環境に潜む危険から子どもを保護し、なおかつ環境から刺激を子どもに与えるようなものであった。モレンハウアーにとって、この「背負いかご」に象徴される保護の在り方こそが、教育の原初形態にほかならなかった。

モレンハウアーは、「背負いかご」の物語から抽出される〈教育的保護〉のイメージを起点にしつつ、歴史の進行やその都度の社会状況によって〈教育的保護〉の在り方が変化していくことをも示唆している。彼によれば、大人が投げ入れられている「社会現実」に子どもが直接さらされることは近代化とともに少なくなり、「社会現実」と子どもとの間に生じるであろう「衝撃にブレーキをかける」(Mollenhauer 1985＝邦訳 46）ような防護柵がゆっくりと設えられていくようになる。

モレンハウアーは、労働という「社会現実」に大人と子どもが居合わせている場面を描いたいくつかの図像を素材として解釈を試みており、それによって「保護の防護柵」が設えられるとはいったいどのようなことであるかということを、より具体的に示そうとしている（図序－1)。彼は、①学習と労働が明確に分離していない「社会現実」に子どもが大人とともにいる場面（農耕を営む親のそばに子どもが居合わせているために、子どもが直接労働をみることができ、労働をともにし、人間と労働の意味統一体としてのシーンに収まっている場面)、②子どもが大人とともに「社会現実」に居合わせてはいるが、学習という営みが労働から分離されている場面（計算する父の傍らには、計算の教本を片手に学習をする子どもがいる場面)、③大人の「社会現実」から分離された教育的なもう一つの現実において学習が行われる場面（学校という教育に特化した空間が整備されており、それゆえ労働との対質はもはや直接的にではなく、労働の場とは別の場で予行演習というかたちで行われている場面）が描かれている版画を用いつつ、「保護の防護柵」が次第に設えられていく過程を三つのフェーズとして捉えている。

モレンハウアーによれば、上述の第三フェーズにおいて、子どもを「社会現実」から保護するた

図序－1　モレンハウアーが「教育現実」を説明するために用いた木版
右　農民の生活（1476年），中　家族とともにいる商人（1477年），左　家事を教える少女向けの授業（1689年）
出典　Mollenhauer, K.: *Vergessene Zusammenhänge. Über Kultur und Erziehung*. Weinheim/München 1985, S.42, 47, 50.

めに、特別な空間構成、時間構成、人間関係、コミュニケーションの方法などがそこに生じるようになり、かつて大人と子どもがともに投げ込まれていた社会現実とは異なった「教育現実」（Mollenhauer 1985＝邦訳 55）の構成が開始されるようになる。この「教育現実」が広がりを見せ始めるのにともなって、教育は次第に「相対的に小さな閉じた空間で行われるようになる」（Mollenhauer 1985＝邦訳 52）。近代の学校とは、「教育現実」が展開するこの「小さな閉じた空間」の典型ということができる。そうした閉じた教育の場としての近代的な学校は、義務教育の拡大および教育が関与する領域の拡張（就学前教育、施設教育、学校外青少年活動）によって、またその範囲が欧米社会からその外部へと広まることによって、その普及度を増していったとされる。以上のことを踏まえて端的にいえば、〈教育的保護〉とは「教育現実」による保護と言い換えられるだろう。

「始まり」を構築することとしてのアーキテクチャ

〈教育的保護〉の条件としての「教育現実」は、モレンハウアーにおいては、「社会現実」と二項図式的なものとして理解されている。だが、「教育現実」は学校のような教育に特化した施設を中核としながらも、その外部として想定される「社会現実」により広く浸透していく性質を有するものであるとも見立てられる。その場合には「教育現実」と「社会現実」はたんに対照的であるばかりではなく、「教育現実」が「社会現実」に包摂されつつ、「社会現実」が「教育現実」化し、また同時に「教育現実」が「社会現実」に散りばめられていくようなイメージで捉えられるだろう。社会全体における保護の度合いが高まっていくと、「保護の防護柵」のない状況に放り出されることの問題性に対して人びとはますます敏感になり、しかも、かくまいの対象はもはや子どもに限定されることはない。いわば保護化社会が拡張していく状況が、その延長線上に想定される。

学校の内部と外部の問題が折り重なる〈教育的保護〉の問題を考察するための枠組を示すような適切な概念を教育学のうちに見出すことはむずかしい。それに相当する概念は「カリキュラム」だろうか。だが、カリキュラム概念は、学校の外部へと連なる構造の次元を捉えようとする際に困難を来す。「大人と子どもの〈あいだ〉にあって作用するもの」という、教育学において意味が拡張された「メディア」（今井 2004）概念は、〈教育的保護〉の条件を検討するための鍵となるかもしれない。ただ、本書において捉えようとしているのは、教育の対象があるものと媒介されるというよりも、むしろそれが包摂されるような保護のイメージである[4]。〈教育的保護〉をある種の構造として把握するために、アーキテクチャという、他の分野においては議論がなされてはいるが教育学においては新奇といわざるをえない概念をここで導入する理由は、そこにある[5]。

アーキテクチャ（独 Architktur, 英 architecture）は、ラテン語の architectura に由来し、さらには古代ギリシャ語の *αρχιτέκτων* [architēkton] にまで遡ることができる。たとえば建築学者の森田慶一がすでに詳論しているとおり、この語は、本源、原理、首位・頭を意味する「アルケー（archē）」と工匠・職人を表す「テクトン（tectōn）」から成っており、「原理的知識をもち、職人たちの頭に立ち、諸技術を統べ、制作を企画し指導しうる工匠」（森田 1978: 161）およびそのテクネー（術）を意味していた。アーキテクチャの術とは、アリストテレスにおいては、ある有用なものを創り出すために素材を加工する術とされていた。原理を知りつつ事物を加工する術であり、またその結果として立ち現れる構造としてのアーキテクチャ。その場合の「原理（アルケー）」は、古代ギリシャにおいてはイデア論的に理解されていた。よく知られるとおり、プラトンは、あらゆる存在の本源（アルケー）としてイデアを想定していた。彼によれば、私たちが知覚している事物はそのようなイデアを分有しており、したがって、このイデアを模写することこそが制作活動であると理解された（森田 1978: 162）[6]。

イデアと呼ばれる人知を超えた地平に本源（アルケー）を想定しつつ、それを模写する活動を行う存在としての人間は、けれども同時に、本源（アルケー）を自らが生み出す存在でもある。『アーキテクチャの哲学』（二〇〇九年）を著したシュヴァルテ（Schwarte, L.）は、「アルケー」の動詞archeinが、「先導する」、「誘発する」、「試みる」といった意味を有していたことに注目しつつ、アナクシマンドロス（Anaximander）が「アルケー」を物理的かつ政治的な出発点であると捉え、論証力のある言葉（ロゴス）をとおして両者を、つまりモノと人の世界を統合しようとしたことに注意を促している。この「アルケー」の哲学者は、また日時計（Gnomon）の発明者でもあった。シュヴァルテは、日時計とは人間が始まりを自らの手によって構築することの象徴であるとしたうえで、「ある始まりを、ある基礎を、ある原理を、つまりはアルケーを構築すること」（Schwarte 2009：17）のうちにアーキテクチャの根源的な意味を見出そうとしている。

本書において〈教育的保護〉のアーキテクチャについて語られるとき、シュヴァルテの議論がそうであるように、それはある始まりを人間が構築することによって生じる人工的な構造物であり、また人びとの間で生じる力動的な秩序を生み出しうるものであるということに強調点が置かれることになる。その際、「構築とは、ある始まりを施すその時点で、別のものを取り除くことである」（Schwarte 2009：17）というシュヴァルテの指摘は、おそらく重要である。アーキテクチャは、それなしでは生じなかったであろう何かを生じさせるが、その存立以前にはありえたかもしれない可能性を消滅させうる。〈教育的保護〉について考察する際にも、こうしたアーキテクチャの両義性についてたえず注視しておきたい。

アーキテクチャ概念の拡張と限定

アーキテクチャという語は、これまで一般には、主として人間が創り出す物理空間上の構造を、つまり建築およびその複合体としての都市などを指すために用いられてきた。今日においては、物理空間の次元のみならず、とりわけ科学技術の進歩が可能にしたサイバー空間の次元を見据えたうえでアーキテクチャが論じ直される傾向にある。(7) また、アーキテクチャは、必ずしも空間の次元にのみ限定されるものではない。この概念は、「政治的アーキテクチャ」、「コンピュータ・アーキテクチャ」、「車両アーキテクチャ」などの用例にみられるように、広く秩序と制御にかかわるような構造一般を意味するようになった。また、断片的な諸認識が一つのものとして統合された体系や構造も、哲学の領域でアーキテクチャと呼ばれてきたように、この概念は主観と客観とを架橋するような性質をも有している。

先にもふれたように、アーキテクチャ概念を鍵とした論考は、教育学においては管見のかぎりほとんどみられない。(8) だが、教育学外部の議論に視野を広げてみるならば、とりわけ人文・社会科学の領域において、アーキテクチャをめぐる一連の考察が展開されていることが目に止まる。(9) その起点としてしばしば言及されているのは、レッシグ（Lessig, L.）である。彼は、人びとの営みに影響を与える人工的な環境の構造をアーキテクチャと呼び、統治（ガバナンス）に関する議論のうちにこの概念を導入する契機を与えた。秩序形成の手法として彼が念頭においているのは、法律、規範、市場であり、これらに第四の手法としてアーキテクチャが加えられている。日本では、こうしたレッシグの論考を受けてアーキテクチャ概念をさらに拡張し、「規律訓練型権力」（フーコー）とは異なる「環境管理型権力」（東浩紀）の装置としての側面を有するものをアーキテクチャと呼び、「不快感」や「不自由感」を人びとが回避することによって自ずと社会が整序される仕組みの功罪をめぐって議論が展開されている。(10)

今日のアーキテクチャ論における教育の位置づけは限定的である。そこでは、教育は、先に挙げた統治に関する手法の一つである規範を内面化する営みとして意味づけられたうえで、アーキテクチャならざるものとみなされる傾向にある。本書においては、教育を規範形成の道具立てという位置からいったん引き離し、むしろ統治の諸手法によって影響を与えられる人びとの営みの中心部分へとそれを位置づけなおしたうえで、アーキテクチャとの関連において〈教育的保護〉に関する議論を試みてみようと思う。不快感や不自由感を人びとが回避することによって自ずと社会が整序されるような仕組みとして理解されるアーキテクチャとは異なって、〈教育的保護〉のアーキテクチャは、ときとして不快や不自由をも欲望するかもしれないし、また秩序へと誘導するだけでなくそうした目論見を打ち破ることをも仕組むかもしれない。しかも、よりよい「人間形成」の名のもとで（「人間形成」ということで意味されていることについては、第一章以降であらためて言及したい）。本書で注目するのは、そのような点である。

また、考察対象に向けた視界に関しても、本書は現代のアーキテクチャ論をそのままなぞるものではない。この点については、筆者の力量の限界にも起因するのだが、本書は限定的である。今日におけるアーキテクチャ概念の射程範囲は広く、考察対象がどの次元のものであるかを基本的に問わない。レッシグ自身は、主としてサイバー空間における「自由」とその制限をめぐる議論を展開しているのだが、物理空間における建築や都市計画の問題にも言及しており[11]、次元を異にする諸領域を地続きのものとするような問題としてアーキテクチャを捉えている。本書においては、アーキテクチャ概念の拡張傾向を念頭に置きつつも、考察の対象には限定を施すことになる。ここでは、実空間とかかわる問題、とりわけ、後で述べるとおり、都市をめぐる問題に考察の焦点を当てる[12]。

空間構成に注目すると、さまざまな人間の営みがみえてくる。人間は空間を知覚し、思考し、そして加工する。そのようにして構成された空間は、人間を規定し、誘導し、他者との間柄を調整し、あるいは相互の間を引き離して遮断する。構成された空間がもたらす作用は、それを創造した人間によって予想されるが、往々にしてその作用は人間の思惑を超える。教育もまた、空間とそのような関係にある人間の営みの一つである。そのような可視的な空間構成の次元に広義のアーキテクチャ問題の反映がみられるのではないだろうか。ただし、ここで展開されるのは、建築学的な議論や空間構成上の形態に関する考察というよりは、そのような空間構成にかかわる意味世界に関する考察である。本書の表題である『都市とアーキテクチャの教育思想』において「思想」の文字が掲げられているのは、このことを意識してのことである。

考察の起点としての「大都市」

アーキテクチャをめぐる議論の枠組を意識しつつ〈教育的保護〉の問題を捉えようとする場合、考察の対象とみなされるのは、まずは教育という機能に特化した空間としての学校ではないだろうか。だが、本書においては、まずはその外部に、具体的には都市に考察の起点を置くことにしたい。

教育における保護の問題についても重要な考察を残しているボルノウ（Bollnow, O. F.）がすでに示唆していたように、「都市（Stadt）」は人間形成にとって両義的な意味をもつ。「都市」は、一方において、安全や安心を感じられる場所――彼のいう「家屋（Haus）」――の外部であり、人びとはそこで無情や闘争にさらされる可能性がある。他方において、「都市」は他者との共同作業の世界であり、私的領域としての家屋に対する公共的領域の具体でもある。「都市」の語源を辿ればギリシャ語の「ポリス（polis）」に突き当たることに、またそれは「政治的なるもの（Politisch）」と密接に結びついていることに、ボルノウは傾注していた（Bollnow 1976 : 154＝邦訳 139）。安らぎを与える「家屋」との緊張関係を保ちつつ、「都市」へと向かうことが人間にとって重要であることを、彼は主張した。

本書で注目するのは、以上のような意味における「都市」の向こう側にある。一九世紀後半以降、「都市」が肥大化したことによって、「大都市（Großstadt）」と呼ばれるような「都市」を超えた「都市」が社会問題として浮上した。本書における考察の起点となるのは、この「大都市」である。

ボルノウの定義によれば、「都市」は、たしかに「家屋」と同一ではないが、それでも邪悪なものとじかに接触することのないように保護された場である。彼は、そのような「都市」の外部に拡がる「見知らぬ土地」(Bollnow 1976 : 151 = 邦訳 136) を想定していた。「見知らぬ土地」は人間が「安全でないと感じ、孤独で、そしてそこに住んでいる人びととの付き合いからは閉め出されていると感じ」るような環境をいう。

同時代の人びとの時代診断においては、「大都市」はこうした「見知らぬ土地」としての性質を帯びており、「家屋」や「都市」のような保護の場を、そして人間形成の場を脅かす。だが同時に、国家の側にも市民の側にも単純に割り振られないような人間形成のエージェントとしての相貌を「大都市」が有しているとみなす人びともいた。そのような両義的な「大都市」との関係のなかで〈教育的保護〉の論理と行動は強化されていったのではないか。そのようなさしあたりの見通しのもとに考察を進めていくと、そこに見出されるのは、おそらく人間形成と文化とのダイナミズムに対して展開された当時の文化批判の意義である。そこから翻って今日の議論に再び光を当てるならば、むしろ自律性への支援にひときわ焦点化された教育観そのものの狭隘さの方が照らし出されるかもしれない。都市というアーキテクチャは、そのようにして〈教育的保護〉の複雑さと奥行きに私たちの目を開かせてくれるのではないだろうか。

本書の構成

本書は、最初から一冊の書物として編むことを意図して書かれたわけではないいくつかの論考をもとにしているが、それでも以上のような問題関心から一連の流れをもつように構成されている。

第一章「**複眼の都市思想**」では、一九・二〇世紀転換期における近代都市の卓越した思想家であるジンメル（Simmel, G.）の観察眼をとおして、人間形成という観点から建築の複合体としての都市がどのように解釈されていたかを眺めてみる。ここでは、近代都市というアーキテクチャを人間形成に関して両義的な性質を帯びるものとしてジンメルが観察していたことが明らかにされるだろう。

第二章「**都市が教育する**」では、ジンメルのような教育分野の外部観察者とはまた異なって、教育分野の内部における観察者が近代都市をどのように診断していたのかを、ツィンネッカー（Zinnecker, J.）の「ハウス化」論などの紹介も交えながら検討してみたい。二〇世紀最初の四半世紀、教育に携わる多くの人びとが近代都市を無秩序の空間とみなしたうえで人間形成の危機要因と捉えていたが、なかには「大都市」が人間形成にとって重要な契機を与えると主張する者もいた。都市と教育をめぐるそのような相対立するようにみえる思考は、けれども総じて秩序化への意志を強化していく方向へと向かう力学をつくりだしていく。

近代都市における無秩序が問題視されるときに試みられる都市の秩序化――「都市計画」と呼ば

れるような——は、しばしば人工的な構造によって排除される要素を再び人工的な構造物に取り入れるような形式をとる。第三章「**都市を批判する都市**」では、「リエントリー」と呼ばれるそのような形式を主題として、田園都市構想が人間形成と文化のかかわりにおいてどのような空間構成を提案していたのかということを検討する。

第四章「**〈学校共同体〉に穴を穿つ**」における主題は「アジール」である。ドイツ田園教育舎を事例として、自然性を志向する「リエントリー」型のアーキテクチャが統制から逃れられる時空を内包することがある点に着目しつつ、そのことが人間形成にとってどのような意味を有するかということについて検討する。その結果として導き出されるのは、〈教育的保護〉のアーキテクチャと私たちが呼ぼうとしているものに〈穴〉を穿つのはそうしたアーキテクチャそのものである、という見解である。

〈教育的保護〉のアーキテクチャに穿たれた〈穴〉は、保護の不完全性を引き受けるという課題を文化に突きつけるだろう。第五章「**文化のアイロニーに装飾が挑む**」では、芸術家フンデルトヴァッサー（Hundertwasser, Fr.）の建築思想を論じることをとおして、本書におけるそれまでの議論の中心に置いてきた「形式」とは異なる要素——「装飾」や「美」など——を視野に捉えつつ、〈教育的保護〉のアーキテクチャが内包する問題と向き合う知恵の在処を探る。

注

（1）カントの「成人性」に関する思想を現代社会における福祉国家の原理的な問題と結びつけようとした論考としてヒンスケ（Hinske 1980）を、またその教育学的含意については山名 1989を参照されたい。

（2）そのような論証の例としてここで念頭に置いているのは、たとえば仁平典宏による一連の考察である。仁平は、現代の福祉に関する真摯な問いかけを行うなかで、〈教育〉の論理が「仕事、社会保障、市民社会の中へと浸潤し、主体は絶えずバージョンアップが求められる」（仁平 2009：184）ようになる傾向に警戒心を示している。そのような見地からは、積極的な社会・政治参加と相互承認を促進するシティズンシップ教育によってシティズンシップの「再政治化」を図ろうとする試み（小玉 2003：123ff.）なども また、主体の絶えざるバージョンアップを強いる「新自由主義」の教育的な動向のブレーキとなりえていないのではないかと批判される。近著論文においても、「〈教育〉の拡散」（仁平 2014：115）に対する危惧、すなわち教育のコードが学校を超えて社会保障や保育などのような隣接領域に広がっていくことへの危惧が表明されており、その基本的なスタンスに変更はない。保護が行きわたらないという問題状況が何よりも重要であることはいうまでもない。その意味で、社会保障制度にまでまとわりつくような教育的な保護の論理から距離を取り、「社会保障を〈教育〉から自律させる」（仁平 2009：193）ことは、福祉を再考するうえで有効な一つの戦略であるかもしれない。とはいえ、そのことによって、人間形成を促す保護の在り方を追求するという問いの重要性が、少なくとも教育の領域において消え去るわけではないだろう。保護と教育とをさしあたり区別したうえで両者の関係性を論じるか。それとも、保護を教育に内在する要素とみなしたうえでその由来を検討するか。本書において選択したのは後者の道筋である。もし教育が保護化社会の問題が濃縮した領域でもあるとすれば、社会の問題を論じるその先に教育の問題を見据えるのとは逆に、あわよくば教育の問題を論じるその先に社会の問題がみえてくるのではないだろうか。

（3）邦訳本を参照した場合には該当ページを示すことにするが、引用の文脈に合わせて変更が加えられている場合がある。

（4）〈教育的保護〉の構造による包摂のイメージには、教育学が一九八〇年代以降にとりわけフーコー（Faucault, M.）の影響を受けて以降、抑圧や管理といった消極的な意味合いがつきまとうかもしれない（Intermezzo 3を参照）。そのようなイメージにもとづいて近代教育を批判的に論じてきた先行研究を経由してなお次の局面を切り拓く考察の糸口を探ることは、本書が意識している課題の一つである。

（5）教育に関する空間について一貫した関心を保持しつつ検討を積み重ねている日本の教育哲学者として、高橋勝を挙げることができる（高橋 1992、高橋 2011）。彼は「主に現象学の方法に依拠しながら、子どもの自己形成空間、居場所、関係性の拡がりとテリトリー（縄張り）感覚の変容という問題」（高橋 2014：175）について考察を行い、「子どもの『経験』の無限の広がりを基点にして、人間形成の可能性」を見出そうと試みている。高橋による「現象学的方法」にもとづく教育空間論の試みは、本書が十分に論じることのできない広大な議論の領野が拡がりをみせていることを示唆してくれている。同時に、高橋の立場からは、必然的に私の試み――高橋の定式によれば「思想史的方法」にもとづく教育空間論――になお何が不足しているかが批判的に論じられることになる（高橋 2014：172）。そのような指摘を受けた後に私が選択できるのは、おおよそ次のような二つの試みであるように思われる。一つは、高橋の提案を受け入れて、私自身が「現象学的方法」と「思想史的方法」とを融合させることであり、もう一つは、あえて「思想史的方法」な教育空間論を拡張して可能なかぎりその体系性を提示していくことである。本書においては、まずは後者の試みを選択し、その後に展開されるはずの「現象学的方法」との対話への橋渡しを準備したいと思う。

（6）森田によれば、プラトンは、イデアを直接模写して事物そのものを創造するタイプの制作（実像を造る術 eikastikē）と、神がイデアを模写して創り出した形象を心象によってさらに模写するタイプの制作（仮象をつくる術 phantastikê）とを区別したうえで、前者に音楽・建築・器具の制作を、また後者には絵画・彫刻の制作を割り当てた（森田 1978：162f.）。古代ギリシャにおけるアーキテクチャ論として重要なウィトルーウィウスの『建築書』の森田による邦訳（1979）も参照。

（7）都市や建築を中心に考察を深めてきた論者がサイバー空間にも視野を広げていく例として、若林 2010を挙げておきたい。

（8）管見のかぎり、関根宏朗による論考が教育学においてほぼ例外的にアーキテクチャ概念の重要性を力説しているように思われる。「甘え」に関する考察のなかで、彼は今日の拡張されたアーキテクチャ概念について言及したうえで、「教育哲学者の山名淳によって打ちだされている教育空間論は、前述の『アーキテクチャ』論と家族的親和性を持っている」（関根 2015：46）ことを指摘している。本書は、関根のこうした問題視角をいわば引き受けるかたちで筆者自身によってこれまでの考察を再構成した論集としての側面を有している。

（9）宮台 2001、東 2002、安藤 2007、濱野 2008などを経た後で、『思想地図』の特集「アーキテクチャ」（東・北田 2009）をとおしてより広い読者層にアーキテクチャをめぐる異分野間のコミュニケーションが知られるようになった。その後も、大屋 2014などにおいて、広義のアーキテクチャに関する議論が直接および間接に継続されている。

（10）ところで、レッシグ自身は、控えめに注記を用いながらではあるが、諸空間における「自由」の制約をめぐるアーキテクチャ論の先駆としてフーコーを位置づけており、興味深い（Lessig 2000: 86 = 邦訳 154）。というのも「規律訓練型権力」から「環境管理型権力」への移行という筋立てからすれば、ともすればフーコーの議論とアーキテクチャ論が切り離されてしまう可能性があるからである。鈴木謙介は、この点において両者を接続する視点を示唆している。彼は、「アーキテクチャによって人々の振る舞いが制御されていることは、非人間的なシステムによる人間の全面的な管理を意味するとは限らない」（鈴木 2008: 113）と述べ、「アーキテクチャ批判がややもすると、アーキテクチャを操る主体への批判、すなわち人間疎外的なシステムの設計者への批判に堕してしまう」（鈴木 2008: 116）ことに警鐘を鳴らしている。個人の自己決定や自己実現の余地を奪うというよりは、むしろそれらを促すシステムとしてもアーキテクチャは眺められるべきであるというのである。そのうえで鈴木は、今日における「従業員に配慮した」組織のあり方が、組織に属する者のやりがいや自発性の尊重と巧妙な管理との両義的な側面を有していることを検討している。本書は、人間形成のアーキテクチャについてさらに何を、またいかにして論じられるのかを追究する試みでもある。

(11) レッシグが挙げているのは、自動車の減速を促すためにしつらえられた道路の凹凸構造(Lessig 1999：92＝邦訳 165)などの例である。

(12) ここでは、空間構成としてのアーキテクチャは、より広い意味でのアーキテクチャの領域の一部をなすと同時に、またその象徴であるともみなされる。〈教育的保護〉の構造は、空間構成の次元のみならず、時間構成、集団構成、諸規則、あるいはそれ以外の次元が関連し合う複合的なものとして想定されることになるだろう。また学校などのように教育に特化した施設だけが保護のアーキテクチャと呼ばれるだけでなく、その外部に連綿と続く保護の度合いを高めた現代社会の状況がそれに属するものとして視野に捉えられることになる。また、その先にはサイバー空間の問題が横たわっている。本書は、複合的で多層的な〈教育的保護〉のアーキテクチャの問題領域へと接近するための第一歩にすぎない。

文献

Adorno, Th. W. (1990): Theorie der Halbbildung. In: *Gesammelte Schriften.* Bd.8, Frankfurt a.M.＝三光長治訳(1970)「半教養の理論」三光長治・市村仁訳『ゾチオロギカ　社会学の弁証法』イザラ書院、四九－九五頁。

安藤馨(2007)『統治と功利 ── 功利主義リベラリズムの擁護』勁草書房。

東浩紀(2002)「情報自由論 第三回 ── データの権力、暗号の倫理(3)規律訓練から環境管理へ」『中央公論』二〇〇二年九月号、中央公論社、二五四－二六三頁。

東浩紀・北田暁大編(2009)『アーキテクチャ』(思想地図 vol.3)、日本放送出版協会。

Bollnow, O. F. (1976)：Die erzieherische Bedeutung der Geborgenheit im Hause. In: *Vierteljahrsschrift für*

Heilpädagogik und ihre Nachbargebiete, 45.Jg. H.2, S. 149–158. = 大塚恵一訳（1978）「家屋の人間学的機能」森田孝・大塚恵一監訳『問いへの教育』川島書店、一二九－一五三頁。

濱野智史（2008）『アーキテクチャの生態系――情報環境はいかに設計されてきたか』ＮＴＴ出版。

橋本伸也・沢山美果子編（2014）『保護と遺棄の子ども史』昭和堂。

Hinske, N.（1980）: *Kant als Herausforderung an die Gegenwart*. Freiburg/München. = 石川文康他訳（1985）『現代に挑むカント』晃洋書房。

広田照幸・橋本伸也・岩下誠編（2013）『福祉国家と教育――比較教育社会史の新たな展開に向けて』昭和堂。

広田照幸・宮寺晃夫編（2014）『教育システムと社会――その理論的検討』世織書房。

今井康雄（2004）『メディアの教育学――「教育」の再定義のために』東京大学出版会。

Kant, I.（1925（Orig. 1791/92））: Von der Majorenität und der Minorität. Aus Kants Vorlesungen über Anthropologie nach einem ungedruckten Kollegheft vom Wintersemester 1791-1792. In: Kowalewski, A./Kowalewski, E.-M.（Hrsg.）: *Philosophischer Kalender für 1925 in Zeichen Immanuel Kants*. Berlin, S.89-93.

小玉重夫（2003）『シティズンシップの教育思想』白澤社。

Lessig, L.（1999）: *Code and Other Laws of Cyberspace*. New York: Basic Books. = 山形浩生・柏木亮二訳（2001）『CODE――インターネットの合法・違法・プライバシー』翔泳社。

宮台真司（2001）「書評　ローレンス・レッシグ『コード――インターネットの合法・違法・プライバシー』」http://www.miyadai.com/texts/002.php（二〇一四年一二月二〇日最終閲覧）。

宮寺晃夫編著（2015）『受難の子ども――いじめ・体罰・虐待』一藝社。

森田慶一（1978）『建築論』東海大学出版会。

仁平典宏（2009）「〈シティズンシップ／教育〉の欲望を組みかえる――拡散する〈教育〉と空洞化する社会権」

二頁。

広田照幸編『自由への問い 5 教育――せめぎあう「教える」「学ぶ」「育てる」』岩波書店、一七三－二〇二頁。

仁平典宏(2014)「再生産レジームと教育の位置――公教育の外側から」広田照幸・宮寺晃夫編『教育システムと社会――その理論的検討』世織書房、一〇三－一二六頁。

大屋雄裕(2014)『自由か、さもなくば幸福か――二一世紀の〈あり得べき社会〉を問う』筑摩書房。

M・パーモンティエ/真壁宏幹訳(2012)『ミュージアム・エデュケーション――感性と知性を拓く想起空間』慶應義塾大学出版会。

Schwarte, L. (2009): *Philosophie der Architektur*. München.

関根宏朗(2015)「自律と他律のあいだで――『甘え』理論における能動性の問題」下司晶編『「甘え」と「自律」の教育学――ケア・道徳・関係性』世織書房、三八－五八頁。

鈴木謙介(2009)「設計される意欲――自発性を引き出すアーキテクチャ」東浩紀・北田暁大(2009)『アーキテクチャ』日本放送出版協会、一一〇－一三五頁。

高橋勝(1992)『子どもの自己形成空間』川島書店。

高橋勝(2014)「都市と教育を論ずる視線――思想史的方法と現象学的方法」高橋勝『流動する生の自己生成――教育人間学の視界』東信堂、一六三－一七八頁。

高橋勝編著(2011)『子ども・若者の自己形成空間――教育人間学の視線から』東信堂。

土屋敦(2014)『はじき出された子どもたち――社会的養護児童と「家庭」概念の歴史社会学』勁草書房。

若林幹夫(2010)『〈時と場〉の変容――「サイバー都市」は存在するか?』NTT出版。

ウィトルーウィウス/森田慶一訳(1979)『ウィトルーウィウス建築書』東海大学出版会。

山名淳(1989)「カントの啓蒙意識に見る『導く』ことの問題――カントの『成人性(Mündigkeit)』をめぐって」『教育哲学研究』第五九号、八八－一〇一頁。

第一章　複眼の都市思想
——ジンメルによる都市と人間形成

1　人間形成は都市に似ている

1　人間形成とは何か

ある人が生まれ、そしていつかその命脈を閉じるまでの間に、人は自分自身と環境との相互作用のなかで変化していく。また、自らが変化していくなかで人は環境にはたらきかけ、そして自己と環境との関係性を変えてゆく。そのようにして人が、また人と環境との関係が変化していく過程を意味する言葉として、ドイツ語の「ビルドゥング（Bildung）」がある。ビルドゥングは、日本語においては、その語が用いられる文脈に応じて「陶冶」、「人間形成」、「教養」、「自己形成」などと訳されてきた。「自己変容」や「自己生成」といった表現も、ビルドゥングと意味の重なりを有しているといえる。だが、ビルドゥング概念は「その核心において他の言語に置き換えることは不可能」（Menze 1983: 351）であり、それゆえドイツ語以外の言語によってこの概念を捉えようとする場合に一語に置き換えることはできない。「○○であり、○○であり、なおかつ○○であり……」というように、複数の語によってその多面性を疑似的に構成する以外に、その全体を捉える方法がない（ヴィガー・山名・藤井 2014）。

本書における「人間形成」という語は、ビルドゥングのこうした多義性を認めたうえでそれに対応する訳語として用いられる。人間と環境との間をとりもつ文化に守られながら、自らがそうした文化を創造する存在へと変化していくような、いくらか価値を帯びたプロセスが、この語のうちに含意されている。そのような意味における人間形成は、アーキテクチャと密接に関係があるといえるだろう。アーキテクチャは、文化の一部（人間が「始まり」を構築するという意味においては文化そのものであるとさえいってよい）でありながら、文化と人間を包摂しつつ両者の関係性を調整する。そのようなアーキテクチャに保護されながら、個人がその力動的な秩序形成に参与しつつ、自らの存在意義を見出していくことは、いかにして可能であるか。なるほどそれはすでにアーキテクチャの問題を超えて、そのなかを生き抜く〈わたし〉個人の問題であるのかもしれない。だが、〈わたし〉を形成する重要な要素が〈わたし〉を取り巻く環境であり、その環境の多くが人工的な構造、つまりほかならぬアーキテクチャであるとしたら、やはり〈わたし〉と環境を切り分けて前者の問題こそが重要であるのだと言い切ることはできそうもない。

ここで考察の出発点として都市に注目するのは、以上のような人間形成と文化の関係性が集約的にそこに出現すると考えられるからだ。都市というアーキテクチャの複合体は、ときとして人間形成を危うくするとみなされるが、あるときには人間形成の契機とみなされる。本章では、その両義性にいちはやく気づき、そのことに思索をめぐらせた人物に焦点を当てるが、まずはその人物が生まれた都市のことに言及することから始めたい。

2 「大都市」と人間形成

都市は変化し、人びとを包み込み、そして挑発する。そのことを最も強く感じさせる都市は、ドイツでいえばベルリンであろう。実際の規模においても、またそのイメージにしても、「大都市」の名称にふさわしいベルリンは、歴史のなかでまるで生き物のように有機的に変化し続けてきた。二〇世紀から二一世紀の転換期にみられた大変化は、関連する出来事のなかでも記憶に新しい。

ドイツ統一後間もない一九九〇年代前半にベルリンを訪れた者なら誰しも、都市の華やかさの陰に殺伐とした風景が見え隠れする不思議さに困惑の念を抱いたのではないだろうか。とりわけ、ブランデンブルク門付近からポツダム広場やライプツィヒ広場にかけて、ベルリンの中心部に七ヘクタールほどの荒れ地が都会の空白として存在していたことは、その不思議さの顕著なあらわれであったように思われる。その付近は、かつて東西ベルリンの分割線が引かれていた場所であった。

ベルリンの壁が崩壊しておよそ十年が経過した頃に再訪者を驚かせたのは、都市の変容の速さであった。都市の空白は巨大な工事現場へ、そして高層建築群が立ち並ぶ景観へと迅速に姿を変えていった。新生ドイツの首都として生まれ変わるベルリンという都市空間をめぐって、しばらく未来計画や「イメージの狂乱状態」（ヒュイッセン 2000：130）が続いたが、それからまた十年以上が経過した現在（二〇一五年）、その多くは想像の世界を超え出てすでに私たちの前に現実として立ち現れているといってよい。

ヒュイッセンも指摘するとおり、ベルリン中心部の空白がもともと無を意味するのではなく、一九四四年／四五年の集中爆撃、一九六一年におけるベルリンの「壁」の建設、そして一九八九年の「壁」の崩壊といった「歴史と記憶によって満たされた空虚」（ヒュイッセン 2000：126）であったのだとすれば、メルセデスやソニーなどの企業が主導する開発計画によって促進された建造物の増殖は、逆に都市の空白の歴史的意味を消し去る過程であったのかもしれない。いずれにしても、ドイツ統一という歴史の節目を迎えた後に加速したベルリンの変化は、この都市が「書き込みと消去、書き直し」（ヒュイッセン 2000：126）を繰り返してきた一種のテクストであるということを、あらためて私たちに想起させてくれる。

そのような「書き込みと消去、書き直し」の遂行は、とりわけ工業化の進展により人びとが蝟集し、日常生活における秩序と安寧の喪失が懸念されて以来、頻繁に繰り返されてきた。未曾有の急激な人口増加と市域の拡大とともにベルリンでそのような都市改造の土壌ができあがったのは、一九世紀後半からであった。都市は、得体のしれない環境として人びとの不安を喚起し、また〈改善〉のための計画的介入へと煽り立てる。だが、その帰結は、しばしば計画者たちの思惑を超える。

「西欧世界のどこと比べても、あらたな都市建設のための最も活力ある場所」（ヒュイッセン 2000：118）となったベルリンは、大規模に進行した「書き込み」と「消去」が終了してもなお、さらなる「書き直し」の場であることをやめることはない。そうしてみれば、ベルリンの現在は、一九世紀以来繰り返されている都市空間の〈改善〉の、重要ではあるがあくまでも一つの局面を迎えているにすぎないのだ。

人間形成の問題は、本来的に、都市と近似した性質を有しているのではないだろうか。コントロール困難な人間形成に対する不安、人間形成の〈改善〉を目的とする計画的介入としての教育、そして教育者たちの思惑を越える帰結。まるで、都市が無秩序と不安定さの象徴とみなされ、都市計画の名の下にその空間が整序されるが、その作用が往々にして計画者の想像を超えるという事態とそっくりではないか。都市と人間形成はたんに似ているだけではおそらくない。得体のしれぬ環境としての都市の拡張とは、コントロール困難な人間形成の領域が拡張することでもある。

一九・二〇世紀転換期の人びとは、都市の変容に触発されて、同時代に誕生しつつあった新たな社会と人間の関係を問い直そうとした。そうしたなかでも、都市について論究したこの時代の最も重要な人物の一人として思想家ジンメル（Simmel, G.）の名を挙げることに異論を唱える者は、おそらくいないだろう。彼は、とりわけ小論「大都市と精神生活」（一九〇三年）によって、都市の卓越した観察者としてその後に続く都市論者たちの注目を集めてきた。都市という「構成体が個人に関する生の内実と個人を超えたところにある生の内実との間に創り出した方程式」（GSG7：116＝邦訳 269)(1)を解くことは、社会と人間に関するジンメルの問題構成の中核をなしていたといっても過言ではない。また、彼の論考には、人間形成に関する重要な検討が、それとは十分に知られることなく紛れ込んでいるように思われる。

「大都市」という環境に囲まれた〈わたし〉は、いったい何ものに変容していくのか。この問題に対して、ジンメルはすでに一九・二〇世紀転換期の時点で何を予見しえていたのだろうか。ここでは、ジンメルの「大都市と精神生活」を考察の起点としつつも、その内容を彼が著した他のテクストと関連づけることにしよう。そうすることによって、ジンメルの思想に潜在する「都市と人間形成」に関する思考の奥行きを、とりわけアーキテクチャとの関連性において浮かび上がらせてみたい。

2　ジンメルの都市論——「大都市と精神生活」にみる都市観

1　「大都市」の観察者

一八五八年三月一日、ジンメルはドイツのベルリンで誕生した。彼の生家は、フリードリッヒ通りとライプツィッヒ通りが交差する場所にあった。一八七三年にベルリン最初のパッサージュがフリードリッヒ通りにつくられたことに象徴されるように、ジンメルが誕生した場所は、ベルリンの中心街に位置していたといえる。よく知られるとおり、欧米では、工業化の進展などを重要な背景として大規模な都市が次々と出現するという傾向が、一九世紀後半から二〇世紀前半を中心にみられた。従来の「都市（Stadt）」観では捉えがたいほどの量的大きさを誇る定住の場の叢生を受けて、「大都市」（Großstadt）」という語が頻繁に使用されるようになったのも、この頃のことである。ベルリンはそうした時代に急速に発展した都市の典型であった（山名 2000：46ff.)。一八七五年の時点ですでに一〇〇万人に手が届かんとしていたベルリンの人口は、一八九〇年には一五〇万人を超え、一九一〇年には二〇〇万人に達した。一九二〇年、行政区新設法にもとづいて、シャルロッテンブルクなどの隣接地域を統合していわゆる「大ベルリン」が形成されると、人口は一気に三〇〇万人を超えた。

ベルリンの「大都市」らしさを物語るのは人口増加だけではない。アーキテクチャが一九・二〇世紀転換期を中心にその多様性を増していったこともまた、この都市が「発展」していったことの重要な側面である。ベルリンは、人間の身体と物財が迅速に集合しては移動するような交通空間としての色合いを次第に強めていった。ジンメルが生まれた頃、ベルリンではまだ乗合馬車が使用されていたが、彼が八歳になる頃には軌道馬車が導入され、その後、鉄道網が都市空間を覆うようになった。街路も時の経過とともに整備されて、沿道には社交場としてのカフェ（一八七七年にウンター・デン・リンデン通りにウィーンのカフェ文化の流れを汲むカフェ・バウアーが開店）や新たな消費生活の拠点となる百貨店（一八九八年に「ヨーロッパ最大」の百貨店を謳うヴェルトハイムがライプツィヒ広場に開店）などができあがり、都市空間に活気を与えていった。

歴史家の川越修によれば、電気の消費量や映画館の数の推移などを論証の手がかりにしてみると、「大都市化は、一九〇〇年ごろにはまだ端緒についたところで、それが全面的に開花し、ベルリンがいわばその現代都市的な相貌をあますところなくみせるのは一九二〇年代になってから」（川越 1995：10）であるとされる。たしかに、今日の大規模都市を見慣れた私たちの感覚にもとづいてみれば、一九世紀後半に進行するベルリンの都市化も、まだその揺籃期の状況であるかのようにみえるかもしれない。とはいえ、まなざしを現在から過去にではなく、過去から現在の方向へと当時の状況を眺め直すとき、その時代までにはみられなかった光景や生活様式が都市部に出現し、当時の人びとを驚かせ、また大いに戸惑いを生じさせたであろうことは、想像に難くない（図1-1）。

ジンメルは、ベルリンの環境がそのように人工物によって覆われていく時代の目撃者であり、また「大都市」の内部観察者としての側面をもつ思想家であるといってよいだろう。一九・二〇世紀転換期とその後の時期にベルリンが世界都市へと発展したことが、自分自身の最も強力でより飛躍的な発展と重なり合うと、ジンメルは後に述べている。彼の思考法は、ベルリンという「大都市」と切り離しては理解されえないものであった。社会学という当時の新しい学問ディシプリンを開拓した重要人物の一人として、ジンメルの名がしばしば挙げられるが、彼が解き明かそうとした「社会」の中核は、都市的なるものにほかならなかった。「大都市」が生み出した「方程式」を解くという課題は、彼の「社会」に関する学問の軸をなしていたのである。

図1-1　20世紀初頭におけるベルリンの様子（オラーニエン橋、1908年）

出典　Märkisches Museum (Hrsg.): *Berlin zwischen Residenz und Metropole. Photographien von Hermann Rückwardt 1871-1916*. Berlin 1994, S.73

2　「神経生活の増大」と悟性の優越

ジンメルの都市観が最も如実に示されているテクストとして名高いのは、すでに述べたとおり、「大都市と精神生活」である。一九〇三年にフランツ・ルードヴィヒ・ゲーエ財団に招かれて行った同名の講演がもとになっている「大都市と精神生活」は、その軽妙な文体と分量的な小ささにもかかわらず、多義的な読解が可能な内容上の特性によって、都市に関心を寄せる者たちを立ち止まらせ、そして惹きつけてきた。以下、ヤツビンゼク（Jazbinsek 2001）を参照しつつ、「大都市人」がいかに形成されるかという問いとのかかわりで、このテクストの内容を概観しておこう（表1-1）。

ジンメルによって把捉された「大都市」の外的な特徴は、めまぐるしい「街路の行き交い」

表1－1　ジンメル「大都市と精神生活」(1903年) の特徴

	都市的な生活形式	伝統的な生活形式
基本メタファー	長い連鎖	短い連鎖
経済形態	商品生産と貨幣経済の優位、高い労働分業の度合い	自給自足的生産と自然経済の優位、低い労働分業の度合い
経済に関する中心問題	「人間をめぐる闘争」(新たな需要を喚起すること)	「自然に対する闘争」(基本的な需要を満たすこと)
消費者と生産物の関係	交換価値志向、物品に対する「非情さ」最終生産物の消費	使用価値志向、差異に対する感受性 顧客に応じた労働
消費者と生産者の関係	多くの見知らぬ人々に依存、肯定的側面：予測可能性 否定的側面：無慈悲	少ない既知の人々に依存、肯定的側面：自由裁量の余地 否定的側面：恣意性
人間関係の一般形態	人との接触が短時間で乏しいこと「よそよそしい態度」「かすかな嫌悪」	人との接触が長く多いこと共感 共同体感情
個人が獲得するもの	個人の自由	共同支援
個人が請け負う危険	社会的な孤立	社会的なコントロール
人間を平準化する要因	形式的なことがらの進行に適合すること 例：　正確さの強制	集団規範に適合すること
人間を差異化する要因	公共の場における個人の様式化	集団における「個人［的役割］の認識」
生（生活）のリズム	テンポの速さ、対照性、絶え間のない変容	緩やかさ、均等性、不変性
人格モデル	知性、寛容性、役割分担の可変性	感情性、俗物性、役柄の安定性
生（生活）の地平	近いものは遠く、遠いものは近い、「コスモポリタニズム」(広域性)	近いものは近く、遠いものは遠い、「地域性」(緊密性)

出典　Jazbinsek, D. : *Die Großstädte und das Geistesleben von Georg Simmel: Zur Geschichte einer Antipathie*. Berlin 2001, S.4.

や「経済、職業、社会に関する生活のテンポの速さおよびその多彩さ」（GSG7：117＝邦訳 270）といった表現から読み取られるように、構成する要素の多様性、大量性、速度の大きさ、絶え間ない変化などに認められる。しかも、「大都市」は、慣れ親しんだ既知のものによってではなく、「見知らぬ」人とモノによって成り立っている。

そのような「大都市」の環境は、ジンメルによれば、そこに住む人々の性質に大きな影響を与えることになる。「大都市」では「神経生活の増大」（GSG7：116＝邦訳 270）がみられ、「内的および外的な印象が素早くかつ絶え間なく切り替わること」（GSG7：116＝邦訳 270）が日常的に経験される。そのような経験が常態化すると、人間は往々にして「心情（Gemüt）」よりも「悟性（Verstand）」によって反応するようになる、とジンメルは述べている。なぜなら、彼によれば、「心情」が「魂（Seele）」のより無意識的な層にその根幹を有しているのに対して、「悟性」は「魂」のより表面的な層をなしているからだ。諸現象の変化や対立と折り合いをつける主観的な対応に優れているのは、悟性の層である。心情の層であれば、動揺や「内的な掘削」が生じてしまうような事態にも、悟性の層であれば耐えられる。彼はそのように考えた。

ジンメルによれば、「大都市」における多様性に富んだ諸現象に対する反応は、「感受性が最も乏しく、人格性の奥深いところから最も隔たった心的器官へと移されることになる」（GSG7：117＝邦訳 271）。その結果として生じるとされるのは、「大都市」における「反応の鈍化（Blasiertheit）」である。“Blasiertheit”は、これまでたとえば「倦怠」と訳されてきた。だが、その内実は、「事物の差異に対する無感覚」（GSG7：121＝邦訳 275）であり、「新たな刺激に対してそれに見合ったエネルギーをもって反応することができない」（GSG7：121＝邦訳 274）状態であり、したがって日本語における「倦怠」のニュアンスとは異なっている。ジンメルにしたがえば、「大都市」の人間は、「急速に変化し対立しながら密集するあの神経刺激」によって「神経のあちらこちらが無残にも引き裂かれ」（GSG7：121＝邦訳 274）ることから自己を守護するために、神経を鋭敏にさせて反応することを回避しているとされる。

3　「純粋なザッハリッヒカイト」に支配される環境と人間

そのような「大都市人」が織り成す世界は、必然的に貨幣経済の世界に近似してくる、とジンメルはいう。「両者に共通しているのは、人間と事物の取り扱いにおける純粋なザッハリッヒカイト」（GSG7：118＝邦訳 271）、つまり「事物（Sache）」の客観法則への従属であり、公平性の原理がしばしば冷徹なほどに完遂されるというのである。彼の時代観察によれば、貨幣経済は、多くの人々の日常を、計量、計算、分量上の確定、また質的価値から量的価値への縮減によって満たしていった。これと同様の変化が、「大都市」の生活にも見出されるというのである。

「純粋なザッハリッヒカイト」に統御される「大都市」の人間関係において支配的であるのは、ジンメルの見立てによれば、「控えめなよそよそしさ（Reserviertheit）」である。あたかも物と物との関係であるかのように、あるいはそれらの関係を貨幣というメディアによってつないでいく経済的なコミュニケーションであるかのように、人間と人間が適当な距離を置きながら機能的に関与し合うような関係が、ここでは示唆されている。「事物」的な人間関係は、「大都市」という環境において自己を維持するための技法であるのみならず、全体の秩序維持のためにも必要とされるという。ジンメルは次のように述べている。

「典型的な大都市人たちの関係および彼らに関することがらは、つねに多様かつ複雑である。とりわけ異なる利害関心をもった多くの人々が寄り集まっていることによって、彼らの関係や営みは関連し合って多岐的に構成された一つの有機体となっているために、もし約束事や何かを行ううえでこのうえなく正確さが実現されなければ、全体は崩壊して収拾のつかない無秩序状態が引き起こされるだろう」（GSG7：120＝邦訳 273）。

貨幣経済に象徴されるような近代における「純粋なザッハリッヒカイト」が支配する社会のシステムがまず生じ、それが原因となって「大都市人」の形成が促されたのか。それとも、「大都市人」が形成されたことが原因となって、そうしたシステムが現実のなかで本格的に機能し始めたのか。ジンメルは、そのような問いには答えていない。ただ、「大都市」が「肥沃な培養地」（GSG7：19＝邦訳 272）となって、貨幣経済と「大都市」における人々の精神的態度とが接合したのだという。ここには、人間の身体と物財とが集中して複雑に関係し合う状況だけが「大都市人」を生み出すだけでなく、そのような量的増大がもたらす環境の複雑性を整序しようとするシステムもまた「大都市人」の形成に影響を与えているという見解が内包されているといえるだろう。

ジンメルは、以上のような「大都市」における人間形成について、明確な価値判断をしていない。むしろ、彼が目指していたのは、人間形成に関する「大都市」の功罪を表明するような「裁判官の態度」（GSG7：131＝邦訳 285）を放棄しつつ、その両義性を徹底的に観察することにあった。彼の時代診断によれば、機能分化した社会を前提として多くの見知らぬ人びとに依存しあう状況のなかで、人間は感情的な反応を抑え、貨幣経済に象徴されるような社会全体の「ザッハリッヒカイト」への従順さを求められるようになる。そのことは、ジンメルにとっては、一方において、個人が伝統的な共同体から切り離されて孤立の度合いを高めてしまう危険性を生じさせるが、他方において、そのような共同体から個人を解放すると同時に人間関係のより大きな連鎖のなかで大規模かつ予測可能な社会活動の可能性を開くための前提でもあった。

3　「都市と人間形成」論としての〈アルプス／ローマ〉論

1　ジンメル教育学の凡庸

私たちの関心からは、「大都市と精神生活」においてほのめかされていた人間形成論の萌芽が、彼の教育学においてどのように発展的に継承されていたか、という点が注目されるにちがいない。だが、ジンメルの都市論に読み込むことができる以上のような一連の議論が彼の教育学において展開された形跡は、管見のかぎりみられない。たしかにジンメルの『学校教育論』（一九二二年）においても、都市について言及されているが、そこでは次のように論じられるのみである。「田舎の子どもたちは、事物をより正確に知るという点において、まずは有利である。当然のことながら、都市の人々は、直接理解することが困難であるような、騒々しく複雑な出来事に取り囲まれている。それに対して、田舎の人々を取り囲んでいるものの多くは、基本的な構成要素である。さらにいえば、都市における諸事象は流動的であり、したがって、田舎の諸事象のように正確かつ長期にわたって観察することはできない」（Simmel 1922 : 25 = 邦訳 44）。ジンメルが直接的に教育について語るときには、彼自身が戒めていたはずの「裁判官の態度」によって、「事物の学び」という視点から「都市」よりも「田舎」の方が望ましいという、やや単調な判断が下されているといわざるをえない。「大都市と精神生活」で彼がみせたような複眼的な都市への洞察は、ここにはみられない。

ジンメルが残した実に多様なテクストを通覧してみると、『学校教育論』においてのみならず、他のテクストにおいても、「大都市と精神生活」のなかで都市を安易に断罪したり許容したりすることを戒めていた禁欲的な態度が弛緩しているようにみえることがある。そのなかには、まさに「裁判官の態度」の緩和によって、狭義の教育学において彼が展開することのなかった「都市と人間形成」に関する考察を予感させるようなテクストも含まれている。しかも、「大都市と精神生活」

においては必ずしも明確に対象化されていなかったアーキテクチャとの関連性が、そこでは前面に押し出されているのである。

そのようなテクストとして以下で注目してみたいのは、ベルリンから遠く離れた二つの場所に関する論考、すなわち、一つはアルプス論であり、もう一つはローマ論である。(2) 前者においては、都市のアーキテクチャによる人間形成上の隘路が示唆されている。だが、後者においては、逆にそのような隘路を潜り抜ける可能性がアーキテクチャに託されているように思われる。

2　都市の延長としてのアルプス地方――アーキテクチャによる人間形成の危機

ジンメルは、外部との関係から閉ざされた状況で執筆活動を行うために何度もアルプス地方を訪れたという。「日常の凡庸さから救済される感覚」(GSG14：296) を山々から得ることができたと、彼は述べている。「日常の凡庸さ (die Flachheit des Alltags)」は「日常の平坦さ」と訳すこともできる。丘陵地を遠くに眺めることさえほとんどない彼の日常生活の場であった「大都市」ベルリンの空間が、アルプス地方の起伏ある状況とここで暗に対置されている、という読み方もできる。

だが、ジンメルにとって、アルプス山脈は「大都市」の完全な対極の地ではありえなかった。なぜなら、一九世紀後半から「大都市」のアーキテクチャの主要部分であった交通網が都市圏を超え出てアルプス地方においても整備され、急速に発展を遂げていたからである。ジンメルの時代には、車道をつくることができないような急激な斜面にも、鉄道が敷かれるようになった。彼は、「かつてはただ孤独な徒歩移動によって接近することができた目的地に、今ではみるみるうちに拡張していく鉄道が導いてくれる」(GSG5：92) ことに注目し、都市のアーキテクチャがあたかも神経組織のように都市からその外部へと伸びゆく事態を「自然を満喫するための大事業」(GSG5：92) であると形容した。

ジンメルによれば、「アルプス山脈における交通が拡張されることによって喚起されるのは、そのような拡張をとおしてわれわれの文化がいかなる効用をもたらすのかという問い」(GSG5：92) である。私たちの観点から重要と考えられるのは、この問題とのかかわりにおいて、彼が人間形成について言及していることである。彼は、アルプス山脈と人間形成の関係性についての通念を次のようにまとめている。「アルプス山脈を臨むことによって人間形成 (Bildung) がなされる、と人はいう。……深みのある精神的な人びとがアルプス山脈に行くと、彼らは自らの深遠さと精神性が洗練されると信じている。身体的な休息としばしの快適さが得られると同時に、いわば道徳的な瞬間が生起する。それは、一連の個人本意の享楽とはまったくかけ離れたこうした喜びを生じさせるようにみえる精神的な満喫の瞬間である、というわけだ」(GSG5：92)。

ジンメルは、こうした一般的なアルプス観に対して懐疑的であり、むしろ今日の「アルプス旅行における人間形成上の価値は非常に乏しい」(GSG5：92) のではないかと述べている。なぜなら、アルプス山脈において得られる「精神的な興奮と高揚は、みごとなほどに束の間のうちに崩壊し、神経の通常の力を持続するよりも過剰に活発な感情の揺さぶりによって神経を刺激するような陶酔と同様に、消え失せていく」（GSG5：92）からだ。「アルプス山脈の光景によって与えられる高揚に続いてすぐさま生じるのは、平地［＝平常］の気分への立ち戻り」（GSG5：92）である。人びとをその根底から変容させるような環境の「豊穣さ、深遠さ、厳粛さ」は、もはやアルプス山脈に求めることはできないとされる。

ジンメルは、「アルプス旅行の教育的価値は、そうした旅行を満喫するために外的にも内的にも自らを頼りにしなければならないことにあった」（GSG5：92）と論じている。かつては新たな交通網の恩恵に頼ることなくアルプス山脈に個人の力で接近するために、身体的にも精神的にも自立的に行動し思考しなければならなかったのであり、まさにそこにこそ「大都市」においては見出すことのできない「教育的価値」があった。アルプス山脈における交通網の発展、すなわち都市のアーキテクチャの延長は、たしかに一方において、自然環境に近づくことの喜びをより多くの人びとにもたらしたが、他方において、かつてあった――とジンメルが想定するような――「教育的価値」を解体してしまったのであり、そのような意味において両義的な作用を及ぼしたとみなされる。

もちろん、当時の状況において、自然環境を覆うアーキテクチャの力に抗うかのような試みが存在することも、私たちは視野に入れておかねばならないだろう。自立的に外界に対峙しようとするかつてのアルプス旅行の喪失を埋め合わせるものとして、命を賭けて聳える山々に挑むアルピニストたちの営みが、そのような試みにあたる。ジンメルは、このことに対して自覚的であった。「アルプス登山クラブの人びとは次のような通念を抱いている。生命の危険をともなう困難さを克服することは、物質の抵抗に対して精神が勝利することとして、また倫理的な力の成果として、いってみれば道徳的に賞賛すべきことだ、と」(GSG5：93)。だが、ジンメルは、そこに問題の決定的な打開策を見出しはしなかった。むしろ、近代におけるそのような埋め合わせのうちに彼が発見したのは、「たんなる享楽のために生命の危険を冒すという不道徳」(GSG5：94)であり、「主観的・自己中心主義的な享楽」と「人間形成上の価値」との混同の極致であった[3]。

3 ローマによる「自己活動」——人間形成の契機としてのアーキテクチャ

以上でみたとおり、ジンメルのアルプス論において示されていたのは、都市のアーキテクチャの増殖が都市圏から隔たったところで先鋭化し、人間形成の問題を深刻化させているのではないかという時代診断であった。彼によれば、アルプス地方にまで伸びゆく交通網が伝統的な人間形成の契機を消滅させ、そのような喪失を埋め合わせるための試みもまた問題を解消させるどころか、新たな問題をより深刻なかたちで生じさせるというのである。

ジンメルによる以上のような観察の妥当性については、ここでは問わないでおこう。私たちにとってより重要なことは、はたして彼が都市のアーキテクチャについてもっぱら悲観的な側面だけを強調していたかどうか、ということである。この問題に対する手がかりは、すでにアルプス論のなかでさりげなく与えられている。彼は、「主観的・自己中心主義的な享楽」と「人間形成上の価値」との混同がアルプス地方の人間形成に関して看取できると指摘したあとで、「とりわけイタリア旅行と比較したときに、このことは際立つ」（GSG5：93）と述べている。

ジンメルは、アルプス論において、イタリアが「人間形成上の価値」を有した空間であることを暗示するにとどめ、それ以上のことについて言及してはいない。この先を知るためには、私たちはイタリアに関する別のテクストに目を向けねばならない。それは、歴史が折り重なるより複雑なアーキテクチャとしてのイタリアの都市に関する論考であり、具体的にいえば、一八九八年に書かれたローマ論である。そこでは、人間形成の契機を奪うものとしてのアーキテクチャという観点に代わって、人間形成の契機を与えるものとしてのアーキテクチャという観点が前面に押し出されている。

ジンメルによれば、「何らかの生の目的のために創られたもろもろの人工物が、その目的を超えて一つに結ばれ、美の形式を形作る」（GSG5：301＝邦訳 27）ことがあるという。そのような場合には、「さまざまな人間の営みが、個別的で限定されたそうした営みの諸目標に導かれ、またそれらを達成しているかにみえながら、それにもかかわらず、全体として、みずからは何ひとつ知ることのない神の世界計画の実現に参画してしまう」（GSG5：302＝邦訳 27）かのように感じられる。彼にとって、都市ローマというアーキテクチャは、そのような人工物の一つであった。ローマでは、「目的をめざす人間の構築物が幸運な偶然によって一体」となり、そのことが「予期せぬ新たな美を生み出すための最高の刺激を獲得している」（GSG5：302＝邦訳 28）ようにみえるという。

ローマという空間の特徴は、ジンメルによれば、丘陵状の地形に規定された市街の光景にある。

そこでは、さまざまな建築が上下に重なり合っている。しかも、そのような数々の建築は、多彩な要素によって成り立っている。ローマでは、「古い遺跡、遠い昔の遺跡が、後代の建築によって取り込まれて」（GSG5：304＝邦訳 32）いることによって、都市に力動性が生み出されている。名所と呼ばれる美的空間をもつ都市は少なくないが、ローマはそのような名所を超越しているという。この都市では「いわゆる名所は全体の各部分なのであり、その一々が、ローマという包括的な統一によって結合され、たがいに有機的な連関を保って」（GSG5：304＝邦訳 32）おり、「個々の部分は、ただ全体を捉え貫き支配する統一の一器官に過ぎないという生命現象そのもの」（GSG5：304f.＝邦訳 1975：33）であるとされる。

ローマが統一的な美の形式を有しているというジンメルの指摘をそのまま受け入れるとしても、アルプス山脈にジンメルが見出すことができなかった人間形成にかかわる「豊穣さ、深遠さ、厳粛さ」がローマに存在するとは、いったいどのようなことを意味しているのだろうか。こうした問題関心からまず注目されるのは、ローマがさまざまな時代のアーキテクチャの折り重なりによって構成されていることの効用をジンメルが指摘していることである。彼によれば、「ローマの全体像の中に身を置いたと自覚したとき、誰もが、歴史的・社会的に規定された自己の狭い閉鎖的な生活圏によって認められた地位を失い、思いもかけず、途方もなく多様な価値の体系のうちに組みこまれ、その中で生きている自分の姿を見いだすことになる」（GSG5：306＝邦訳 36）。そのことによって、人は特定の時間に制約された印象から解放されて、「夢幻めいた、超主観的な静寂」（GSG5：305＝

邦訳34）のうちに身を置くことになるという。

こうした解放感は、ただしローマという都市によって受動的に与えられるにすぎないものだ。ジンメルのローマ論では、さらにそれを超えて、都市のアーキテクチャが人間の能動性を引き出すという観点が導入されている。彼は、ローマという都市の統一性をたんに自己の外部に存在する客体の構造とみなしているわけではない。都市を「眺める精神」（GSG5：308＝邦訳 40）という主体の構造に注目して、彼は次のように述べている。

「同一の要素をおびただしい内的な対立へと、一方ではまた、いかにも雑多な諸要素を一様な内的成果へと展開しうるのが、魂の富にほかならぬ。しかしそうはいっても、ローマの美的な印象の意義が、なおあれこれのやり方で説明されうるとすれば、この可能性を生み出すのは、客体の構造と主体の構造との、まことに注目すべき出会いだといえる」（GSG5：310＝邦訳 43）。

アルプス論においては、人間の肯定的な変容の可能性が閉ざされていく方向に都市のアーキテクチャという環境が作用することが危惧されていた。それとは対照的に、都市のアーキテクチャという客体とそこに身を置く主体との相互作用によって、「ローマでは抑圧を感じるどころか、まさしく自己の人格の頂点に達したと感じられる」（GSG5：302＝邦訳 40f.）可能性が生じるという。(4) そのような感覚の生起は、ジンメルにとって、「内部の人間の法外に昂揚した自己活動の反映」

（GSG5：308f.＝邦訳 40f.）であり、そのような自己活動こそが、「ローマの最も貴重な贈り物」（GSG5：308＝邦訳 40）であった。

「自己活動」。それは、よく知られるとおり、ジンメルの生きた一九・二〇世紀転換期に展開したとされる新教育運動のキーワードでもあった。(5) 同運動における代表的な学校として位置づけられるドイツ田園教育舎（第四章を参照）などにおいては、理想的な人間形成が都市化によって阻害されてしまうと考えられたうえで、自然環境に囲まれた学校において子どもたちの「自己活動」を涵養することが目指されていた。その同じ時代に、ジンメルは、「自己活動」の可能性をその外部に――自然環境の外部に、そして学校という保護システムの外部に――みていたのである。

4　都市の人間形成に関する「文化の悲劇」を超える可能性
――「おわりに」にかえて

都市のアーキテクチャは、そこに住まう者に対して自己抑制と全体の秩序への従属を促すような人間形成のエージェントとしての側面を有している。そのような論点は、フーコー（Foucault, M.）などの理論に依拠しながら、やがて規律訓練論的な教育学において強調されるようになるであろう（Kost 1985：318; 山名 2003：227）。あるいは、エリアス（Elias, N.）の理論などを基礎として、都市のアーキテクチャが「文明化」の装置として解釈される可能性が見出されるにちがいない（第二章を参照)。ジンメルは、「大都市と精神生活」において、都市に住まう人間も、またそうした人間を覆うシステムも、「純粋なザッハリッヒカイト」に馴化していくような傾向を見出していたのであり、そのかぎりにおいて、同時代においてすでに先見の明によって規律化や「文明化」のメディアとしての都市の側面を理論的な眼差しで捉えようとしていたといえる。だが、もし私たちが〈アルプス／ローマ〉論にまで視界を広げるならば、彼の都市論は潜在的にはそれ以上のものを含み込んでいたといわねばならない。都市は、そこに住まう者を規律化したり、「文明化」したりするだけではない。ジンメルが観察したのは、都市アーキテクチャが有するはずの、それ以上のはたらきであった(6)。

ジンメルがアルプス論をとおして都市圏から遠く離れた空間における都市的なるものの運命のうちに見出したことは、彼が「文化の悲劇」という表現を用いて展開しようとした近代批判と重なり合うように思われる。ジンメルにとって、文化とは、精神の発展に人間の知と能力が貢献する状況であり、またそのことによって「客観的精神」として生み出される何ものか(芸術、科学、宗教、法、技術、習俗および社会的規範)であった。主体と結びついた生は時間的に有限であるが、そのような主体から生み出された客体の部分をも含む文化は時間を超えて不動のものとなる。本来、こうした文化は、人間の自己完成を促進するはずのものである。だが、「自己完成の前提条件をなしている精神自体によって創造された世界の固有法則のなかで、加速度をもって、かつしだいに距離を拡げながら、文化の内容を文化の目標から逸脱させてゆく論理と動力学が生み出される」という

「悲劇的な巡り合わせ」（GSG14: 415f. = 邦訳 287）が往々にして生じてしまう。

アルプス地方の交通網は、ジンメルにとっては、まさにこうした「悲劇的な巡り合わせ」の結果として生じてしまう都市のアーキテクチャの一部であった。だが同時に、「文化の悲劇」を克服する方途としての都市という観点もまた、ジンメルは用意していた。都市が客観と主観の相互作用を促す可能性、さらには超主観性へと誘う可能性が示唆されていたことは、彼のローマ論に関する言及のなかで示したとおりである。「大都市と精神生活」におけるジンメルの都市論は、その背後に文化としての都市のアーキテクチャに対するより深い希望と不安を宿しているといえるのではないだろうか。

ジンメルは、〈自然／人工〉の単調な二項図式を絶対的な前提とせず、人工性・計画性を超えた奥行きのある空間として都市を眺めていた。彼が捉えた都市とは、個々の構成要素が有機的に連関し合うような生命現象であり、また人工的でありながら人間が見渡すことのできない「神の世界計画」の産物であった。ジンメルが期待を寄せたそのような奥行きは、現代の都市にも想定されうるかどうか。そのような奥行きが人間形成の肯定的な側面を支えているのかどうか。現代の都市は、美的な統一体としての認識と体験をもたらしうるものであるのか。それとも、「文化の悲劇」とかかわるような都市の不安の方が、そこでは警戒されるべきなのか。都市の形態が変容しつつある今日においてもなお、〈アルプス／ローマ〉論に見出される文化批判は、多くのことを私たちに問いかけているのではないだろうか。

注

（1）ドイツ語版ジンメル全集（Georg Simmel: *Gesamtausgabe*. 24 Bd. Hrsg. v. Rammstedt,O., Frankfurt a.M.）についてはGSGという略式記号で示すことにする。なお、本書全編にわたり、参照した邦訳については該当頁を記したが、本考の文脈に合わせて訳文を変えたところがある。

（2）この二つのテクストに目を向けさせてくれたのは、やはりヤツビンゼク（Jazbinsek 2001）の論考である。ただし、彼は人間形成やアーキテクチャという観点からジンメルについて論じているわけではない。

（3）こうしたアルピニスト批判が、ジンメルの兄オイゲンへの対抗であったとするヤツビンゼクの指摘は興味深い（Jazbinsek 2001: 13）。カント研究者であったオイゲンは、『アルプス散策』（Simmel 1880）を執筆し、ベルリンにおけるアルプス登山クラブの冒険史を物語るなかで、登山を「無類の人間形成体験」とみなしていた。

（4）第三章であらためて言及することになるが、そのような客体と主体との相互作用が生じる状態を生み出し、またそのことによって生み出されるものを、ジンメルは文化と呼んでいる。

（5）「新教育」およびドイツ田園教育舎については、本書の第四章を参照。

（6）今日においては、ジンメルやその影響を受けた都市論者たちが「大都市」に対して下した診断のすべてが無条件で受け入れられているわけではない。アーバニズムが直接的に人々の社会生活や人格に影響を与えるとする立場（「決定理論」）とそうした見解を否定する立場（「構成理論」）の相克を論じたフィッシャーの著作（Fischer 1984）は、この点において大いに参照されるべきであろう。それにもかかわらず、本考における〈アルプス／ローマ〉論は、そのような論争を潜り抜けて、今日においても検討に値するように思われる。なお、ヤツビンゼク（Jazbinsek 2001: 15ff）が示唆しているところでは、ベルリン大学在学中にジンメルの講義に参加していた演劇批評家のバブ（Bab, J.）がジンメルとは異なる都市論を展開している点で注目されるという。彼は、ジンメルが「大都市と精神生活を執筆した翌年の一九〇四年に、『ベルリンのボヘミア』を刊行し、「大都市」こそが新たな共同体形成の可能性を秘めていることを論じた。バブは、親交があったドイツのアナーキズム志向の著述家ミューザム（Mühsam, E.）のような「文化ジプシー（Kulturzigeuner）」が寄り集まって共同体をなすための土台として都市が機能すると考えた。バブによれば、「ボヘミアンは大都市の産物であり、あらゆる才能を寄せ集めようとするこの近代文化の中心で発生し、誕生した」（Bab 1904: 40）とされる。「個々のボヘミアンはいつの時代にもいた。だが、『ボヘミア地区』ができたのは、近代の大都市が生じてからのことである」（Bab 1904: 40）。ジンメルが伝統的な共同体の解体とそこからの解放を論じたのに対して、バブはその後に生じる新たな共同体の可能性をまなざしていたことになる。本書においては十分に検討できないが、バブのこうした都市論を現代の視点から再読することは興味深いことかもしれない。

文献

Bab, J. (1904): *Die Berliner Bohème. Großstadt-Dokumente.* Bd.2. Berlin/Leipzig.

Fischer, C. F. (1984): *The Urban Experience.* San Diego; Tokyo: Harcourt Brace Jovanovich (2.ed.) = 松本康・前田尚子訳（1996）『都市的体験――都市生活の社会心理学』未来社。

A・ヒュイッセン／田中純訳（2000）「ベルリンの空虚」『批評空間』Ⅱ-二五、一一六-一三一頁。

磯崎新（2011）「建築＝都市＝国家・合体装置」『思想』第一〇四五号、四六-六八頁。

Jazbinsek, D.(2001): *Die Großstädte und das Geistesleben von Georg Simmel: Zur Geschichte einer Antipathie.* Berlin.

川越修（1995）『性に病む社会――ドイツ　ある近代の軌跡』山川出版社。

Kittler, Fr. A. (1995): Die Stadt ist ein Medium. In: *Das Magazin der Netzkultur.* (http://www.heise.de/tp/)（最終閲覧日二〇一五年一月三一日）＝長谷川章訳（1998）「都市はメディアである」『10＋1』第一三号、七八-八七頁。

Simmel, E.（1880）: *Spaziergänge in den Alpen*. Leipzig.

Simmel, G.（Orig. 1896）: Alpenreisen. In: Ders.（1992）: *Gesamtausgabe*. Bd.5. Hrsg. v. Dahme, H.-J. u.a., Frankfurt a.M., S.91－95.

Simmel, G.（Orig. 1898）: Rom. Eine ästhetische Analyse. In: Ders.（1992）: *Gesamtausgabe*. Bd.5. Hrsg. v. Dahme,H.-J. u.a., Frankfurt a.M., S.301-310.＝川村二郎訳（1975）「ローマ　ひとつの美学的分析」『ジンメル著作集』第一〇巻、白水社、二六－四四頁。

Simmel, G.（Orig. 1903）: Die Großstadt und das Geistesleben. In: Ders.（1995）: *Gesamtausgabe*. Bd.7. Hrsg. v. Kramme,R. u.a., Frankfurt a.M., S.116-131.＝居安正訳（1976）「大都市と精神生活」『ジンメル著作集』第一二巻、白水社、二六九－二八五頁。

Simmel, G.（Orig. 1910）: Der Begriff und die Tragödie der Kultur. In: Ders.（1996）: *Gesamtausgabe*. Bd.14. Hrsg. v. Kramme,R. und Rammstedt,O., Frankfurt a.M., S.385-416.＝円子修平・大久保健治訳（1976）「文化の概念と文化の悲劇」『ジンメル著作集』第七巻、白水社、二五三－二八七頁。

Simmel, G.（1922）: *Schulpädagogik. Vorlesungen, gehalten an der Universität Strassburg*. Osterweck/Harz.＝伊勢田耀子訳（1960）『学校教育論』明治図書。

山名淳（2000）『ドイツ田園教育舎研究』風間書房。

第二章　都市が教育する

――「ハウス化」する社会と人間形成

1　人間形成のエージェントとしての都市

一つのエピソードから始めたい。ドイツの教訓譚には、「わるい子」たちが不幸になっていく筋立てをとおして、読者である子どもたちをある規範の方へ導こうとする物語がある。そのような物語の典型として有名なのは、『もじゃもじゃペーター』（一八四五年）である。この絵本を範型として、逸脱した子どもたちを描写した物語が次々と創作されていった。そのような『もじゃもじゃペーター』の類似本を時代順に眺めてみると（山名 2012）、ある興味深い事実が目に止まる。車道や交通にまつわる教訓物語が、時代を経るとともに顕著に増加しているのである。

注目されるのは、まずは交通路に関する戒め物語の増加だが（Rühle 2002 : 60ff.）、物語の内容が変化していることもまた指摘しておかねばならないだろう。初期の類似本では、馬車の荷台に乗っていた子どもが不注意でそこから落ちてしまう物語や、舗装されていない坂道を自転車に乗って猛スピードで駆け下りる子どもが負傷してしまう物語などがみられた。だが、空間構成の機能分化とともに整備されていった舗装道路において、主人公が交通ルールに違反すること（たとえば信号無視など）によって不幸（叱責、怪我、命を落とすなど）に見舞われる物語が増えていく（図２－１）。

車が行き交う舗装道路によって網羅される近代空間が、そうした空間の日常活動に新たに参入する人びとにとっていかに危険な環境であるか。また同時に、そのような人びとがいかに近代空間の秩序を乱す要因になりうるか。『もじゃもじゃペーター』研究者たちが「トラフィック・ペーター」と呼ぶ乗り物にまつわる新たな教訓譚は、こうした双方向の危険に対する不安の表象であり、またそのような不安を払拭するための処方箋として創出された教育的な媒介物である。『もじゃもじゃペーター』には、外出中に注意深さを欠いていたがために主人公が川に落ちてしまう「お空眺めのハンス」という物語が収められている。それを受けていえば、現代のハンスは、蕩々と大河のように流れ行く車の動きに注意を払うように導かれるのである。

「複数の離散する地域や集団の間で、身体や物財や情報の交通を媒介して、それらを同一の社会の大きな広がりへと組み込むような関係の場に位置する定住」（若林 2010：146）の時空を今ここで都市と呼ぶならば、「トラフィック・ペーター」は、そのような意味における都市が人間形成の契機となるということを予感させる。身体や物財の量的拡大および移動速度の増大が生じると同時に、都市計画という空間のデザインによる量と速度の調整が試みられるとき、いかなる人間の変容がそこでは促されるのだろうか。遅くとも一九・二〇世紀転換期には、そのような関心が社会に広まり、

Vom Wagenaufhocker.

Der blonde Schelm,
Der wilde Wilhelm,
Ließ sich nichts sagen,
Lief nach den Wagen
Auf flinken Socken,
Mußt' hinten aufhocken.
Hopp, hopp, hopp,
Im vollen Galopp,
So im Carrièr',
Als wenn's nichts wär',
Da saß er oben —
Die Pferde schnoben.

Die Peitsche knallt,
Der Ruf erschallt:
„Sitzt Einer auf,
Da hinten drauf!"
Die Peitsche trifft,
Es brennt wie Gift,
Auf Kopf und Jacke,
„Au, meine Backe!"

Jetzt läßt er los,
Sitzt auf dem Schoß
Der nackten Erde
Mit Schmerzgeberde.
Doch welcher Schreck,
Die Hos' war weg;
Mit Jack' und Kragen
Hing sie am Wagen.

図2-1　最も早い時期の「トラフィック・ペーター」
馬車の後ろに無造作に座っていたところ、そこから転げ落ちてけがをして、また着ていた洋服が破れてしまう物語。

出典　Hosemann, Fr. W. H. Th.: *Kinderstreiche*. Berlin 1867, S.11.

この問いをめぐってさまざまな議論が繰り広げられた。家庭・学校・地域が織り成す教育の体系からはこぼれ落ちるような、また国家の側にも市民の側にも単純には割り振られないような人間形成のエージェントとしての相貌を都市は有していた。

市壁の内部が教会を中心とした構造として解読される中世都市空間、あるいはバロックの都市空間を例に出すまでもなく、それ以前に計画的に空間が構成された都市がなかったというわけではない。だが、工業化にともなう急激な人口集中によって喪失した空間の秩序と解読可能性を再度回復しようとする都市空間への介入の試みということでいえば、一九世紀においてしばしばみられた都市空間の形成は、それ以前の都市の造り方とは性質を異にしている。そもそも、「都市計画（独 Städtebau, 英 town-planning, 仏 urbanisme）」という言葉自体が一九世紀に初めて登場したこの新たな空間調整の技法を言い表すために一九世紀後半の欧米で初めて誕生したのであり（ショエ 1983）、したがって今日一般にみられるように、古代から現代にいたるまでのより広範囲の時代において意図的に構成された都市空間のあらゆる形態を指すために「都市計画」という語が用いられているのは、後に生み出された構想が歴史を遡及して類似の現象に投影されているにすぎないのだとすれば（若林 1992：218）、ここでは厳密な意味での都市計画に注目しているのだといってもよいであろう。

都市の状況を病として告発する一九世紀の人びとの「臨床的なまなざし」（ショエ 1983：10）による危機診断は、やがて「機能的に都市を細部まで眺める実証的な精神」（多木 1982：20）によって補完され、詳細な分析と統計的な成果にもとづいた都市の再秩序化が都市計画というかたちをとって実行に移されるようになる（ベネヴォロ 1976：7）。そのような意味での都市計画の本質を、ショエは「過去や現代の失敗の沈殿物、すなわち不純な淀みから都市を遊離させることになる純粋で図式的なレイアウトによって、無秩序と化した都市を整理・秩序化し、その新たな秩序を際立たせること」（ショエ 1983：30）に求めた。ここでは、ショエ（Choay, Fr.）とともに、一九世紀にパリの大改造を行ったオースマン（Haussmann, G.-E.）が用いた言葉を借り受けて、そのような特徴を都市の「整序化（régularisation）」と呼ぶことにしよう。私たちにとっての問題は、都市の「整序化」と人間形成の関係性をどのように読み解くかということである。このことについて、包括的な問題視角を有する理論の枠組としてまず注目されるのは、「ハウス化」論である。(1)

2 「ハウス化」論

1 アーキテクチャに覆われる環境

「ハウス化（Verhäuslichung）」という一般には聞き慣れない言葉は、ドイツの社会学者グライヒマン（Gleichmann, P. R.）の造語で、空間変容とかかわらせて近代世界を批判的に検討する際に用いられた鍵概念の一つである。「ハウス化」は、さらに教育学者ツィンネッカー（Zinnecker, J.）における「歴史的社会化研究」構想のうちに主要概念として導入された。

グライヒマンによれば、「ハウス化」とは、「文明化」の進行とともにさまざまな構築物によって人間の環境が覆われていく傾向を指す（Gleichmann 1987：44）。彼は次のように述べている。

「建築および都市計画は、私たちの文明の一部である。人間は、次第に環境そのものをつくりだしていくようになる。そのような環境は、人間が固有の象徴的な意味を付与するかぎりにおいて、さまざまな言語で〈アーキテクチャ〉と呼ばれてきた。アーキテクチャの発展は、文明の経過の一部をなす特別な領域である」（Gleichmann 1987：40）。

「ハウス化」とは、そのようなアーキテクチャの増大によって人びとの生活空間における屋外の位置づけが次第に周辺的なものになっていく傾向を指している。たとえば、人間の活動が農耕中心の労働から工業を中心にした労働へと移行することによって、大人は屋外ではなく屋内で作業するようになる。子どもたちもまた、日常的に屋内で過ごす時間が多くなっていく、といったように。「ハウス化」は、必ずしも、字義どおりの室内、つまり、ある建築物の内的空間の増加だけを指すわけではない。たとえば、外部空間が衛生化および美化（街路などの埃・雑草・泥濘・凹凸の排除、あるいは芸術作品や広告などによる装飾）などによってあたかも内部空間であるかのように変化していく過程、また、パッサージュなどのような内部空間と外部空間との「緩衝区域」ができあがることによって半ば内部化した外部空間ができあがる過程なども、「ハウス化」現象の一部とみなされる。
個々の建造物は計画的に建てられるが、アーキテクチャ全体が織りなす空間の機能的分化は必ずしも特定の個人によって見通されているわけでも、またコントロールされているわけでもない。「計画可能な、あるいは計画された過程は、『計画されていない』社会的出来事の進行によって包囲」(Gleichmann 1987 : 40) されており、そのような意味において、「ハウス化」は意図と無意図の双方が関与する歴史過程とみなされる。とはいえ、個々の建造物の次元を超えて、アーキテクチャの全体をより広く鳥瞰的に見通して空間をデザインするということが、観念上にとどまらず、現実の空間を〈改善〉する方法として普及し始めるようになる、とグライヒマンは考えた。彼にとって、「ハウス化」を促進するそのような方法こそ、一九世紀の産物としての都市計画にほかならなかった (Gleichmann 1987 : 45)。

なお、グライヒマンは、「ハウス」を次のように定義している。「ほとんどの言語圏で『ハウス』という語が示しているのは、つねに複数の部分からなる統一性であり、全体である」(Gleichmann 1987: 44)。これを受けてツィンネッカーは、さらに「ハウス化」概念を拡張して、移動可能な箱状および袋状の空間、すなわち、自動車や列車などの乗り物からバッグや封書にいたるモノが創り出す空間も、「ハウス化」の派生的形態とみなしている。興味深い論点であるが、まずは都市化との関連において「ハウス化」概念に接近する本章の立場からすれば、議論の曖昧化を防ぐためにもそのようなかたちで意味を拡張していくことは控えておきたい。

2　舗装道路としての「文明化」社会

アーキテクチャの増大は、いうまでもなく、たんに物理的空間の変容の問題というわけではなく、その空間に生きる人びとの振る舞いや心的状況の変化と結びついている。たとえば、富永繁樹は、アレグザンダー（Alexander, Ch.）や市川浩の見解にもとづいて、セミ・ラティス構造としての身体とツリー構造としての「整序化」された都市との不一致に近代人の憂鬱の起源を見出そうとしている（富永 1996、アレグザンダー 1967）。そこでは、直線に還元される空間の単純化や、あるいはアレグザンダーの示唆にしたがって、そのように単純にしか空間を把捉できない人間の認識の限界が注目されていると同時に、アーキテクチャによって世界が覆われていくこと自体が人間に及ぼす作用が批判的に論じられている。ただ、どちらかといえば、そのうちの前者、つまり空間を単調に構成しようとする思考の問題に重きが置かれた議論が、そこでは展開されているといえるだろう。それに対して、「ハウス化」論の中心をなしているのは、後者、すなわちそのような思考に従ってデザインされた空間が及ぼす作用に関する議論である。たとえば、家屋の分化過程で寝室がつくられるようになったことによって、特定の場所で就寝することが促され、同時に他の場所での就寝が抑制されるといったように、空間の機能的分化は人びとの振る舞いを規定し、そうした振る舞いをコントロールする心的状況を生み出していく。グライヒマンにとって、「ハウス化」とは、そうした空間の機能的分化にともなって生じる自己コントロールが次第に促進される過程であった。

アーキテクチャの増大がそこに住まう者の振る舞いや心の内面にどのような影響を及ぼすかということについては、「ハウス化」論の基盤をなす「文明化の過程」理論においてエリアス（Elias, N.）が「文明化」の特徴について説明するなかで示唆していたといってよいだろう。少し長くなるが、本章とのかかわりにおいて重要な箇所となるので引用しておきたい。

「あまり細分化（分化）していない社会のなかでの個人の関係構造と、細分化（分化）した社会でのそれとの区別をはっきりさせるために簡単なたとえを探せば、前者では田舎道を、後者には舗装道路を考えればよいだろう。……［前者においては］交通量は全く少ない。ここで人間が自己にとって危険となる主要な場合は戦争に巻き込まれたり、盗賊に襲われるという形である。……こういった社会の街道で生活するためには絶えず戦う構えが必要だし、肉体的攻撃から生命と財産を守るためには情熱を傾ける必要がある。より細分化（分化）の進んだわれわれの社会の大都会で大通りを行き来するときに必要となるのは、全くこれとは別の心理的装置のモデル化である。……自動車があわただしくあっちこっちへと走っている。その車の混雑の間を縫って歩行者と自転車に乗った人たちが進んでいる。大きな交差点には警官が立って交通整理をしているが、うまくさばけるときもうまくいかないときもある。しかし、こうした外面的な交通整理も根本的には各個人が関係構造の必然性に従って、自分の行動を自分で極めて正確に規制するということによって成り立っているのである」（エリアス 1978：338,[2]［ ］内は筆者による補足）。

「文明化」の進んだ社会では、より多くの人びとが「関係構造（Figuration）」のなかに取り込まれているために、一方で予期せざる出来事によって外的な危険にさらされることは少なくなるが、他方で、「誰かがこの機構の中で自己抑制を失う」ことによって自分と自分に関連する人びとを窮地に追いやってしまうがために、個人は「絶えず自己を監視し、自分の行動に対して極めて細分化（分化）した自己規制」（エリアス 1978：338）を加えることを強いられる。エリアスは、「関係構造」のなかで生きる諸個人が自己の情動を規制する心的なメカニズム、彼自身の言葉でいえば「衝動自己監視装置」（エリアス 1978：348）が、「いわば社会的基準の中継点として」形成されるというイメージで、近代人の心的状況を捉えている。

「ハウス化」論は、そのようなエリアスの見解を空間の次元であらためて論じ直したものといってよい。「ハウス化」論者の一人であるツィンネッカーによれば、アーキテクチャの増大によって、一方で、「他の諸『社会テクノロジー』とならんで、社会的行為を、長期間ある目的に方向づけ、計画可能で、成功に反復することができ、かくして時間と参加人員を超えて予測可能となるように構成する」（Zinnecker 1990：143）ことが可能となり、「固定化され、保護された行為の場」を人びとは獲得することになるが、他方で、行為の担い手はたえざる自己規制を強いられ、身体の自由度を制限される。(3) グライヒマンやツィンネッカーの「ハウス化」論が強調するのは、そのように近代空間が諸個人の振る舞いや心的状況に及ぼすと想定される両義的な作用である。

3 都市計画批判から人間形成批判へ

「ハウス化」論に通じるような議論が、日本においてもなかったわけではない。たとえば、先ほど言及した富永は、都市を「整序化」しょうとする試みのうちに、ブルジョアジーによる秩序と衛生をめぐる「きわめて策略的な意図」（富永 1977：224）を読み取ろうとした。また、多木浩二は、都市を資本主義的発展という大きな枠組のなかに再構成するという「ブルジョアジーの政治学」（多木 1982：200）を解読しようと試みていた。

注目したいのは、〈資本／労働〉の二項図式にもとづいて両者の抗争を都市空間のなかに読み解く視点とかかわりながらも、そのような抗争のなかで優位に立つ者であれ、またそうでない者であれ、そこに住まうすべての人びとが飲み込まれていくような近代の性格が投影される空間として都市を分析の俎上に載せる視角を、先行研究が胚胎していたということである。たとえば富永は、原広司の「均質空間」論と一九世紀の都市計画に関する議論と自らの考察を結節させつつ、主体の意図やイデオロギー的対立などに還元しえない都市空間の力動性について論じている。

「均質空間」とは、「場所と意味の捨象、自然との切断、理想化、測定可能性、容器性、現象の対象化と操作可能性」（原 1997（1987）：70）によって特徴づけられるような空間で、二〇世紀の後半になって一挙に世界中の都市に表出した簡潔な高層建築物に象徴される一様で連続的な合理的空間をいう。原は、「均質空間」性をまずは建築のレベルで論じているが、さらに一見したところ複雑で非均質的にみえる都市のうちにも「自然からの切断、場所性や意味性の捨象を現象のうえから指摘でき、理念として背後に控えている均質空間を透視する」（原 1997（1987）: 56f.）ことができるとして、「均質空間」論の射程を拡大している。近代都市の重要な特徴は、たとえば、空き地の減少にみられるように、あいまいで不透明な空間が徐々に消去され、都市全体を見通す構造が形成されることに、均質化の過程が見出されていくのである。

富永は、そのような原の所論を基礎にして一九世紀の都市計画を意味づけている。彼によれば、「歴史的にみれば、近代都市、そしてまた近代社会の成立および発展の過程とは、この均質で単調な空間－集団の拡大してゆく過程」（富永 1976: 58）にほかならず、また、一八五三年から一八七〇年までの間にオースマンの手を通じてパリが体験したのは、最初期の「均質な空間の大がかりな展開」（富永 1976: 61）であった。富永がパリの大改造にみられる「均質空間」化に対して批判的であるのは、そのような変化によって「快い温かさ」が都市空間から放逐されてしまうと彼が捉えているからである。都市計画の推進とは、富永の理解にしたがえば、ターナー（Turner, V. W.）が「構造」に対置した「コミュニタス」を排除していくことであり、また、セネット（Sennett, R.）が「接触項の複合性」と呼ぶものを、つまり都市に住まう者に活力と同一性を与える社会構造の要素を消失させていくことにほかならなかった。パリの大改造以来、都市は「見通しのよさ、便利さ、清潔さを獲得することができた」と同時に「その代償として空間に内在すべき集団の凝集性を失わなければならなかった」（富永 1976: 57）とされる。

4 「ハウス化」する子ども

以上のような都市計画批判と比較してみるとき、「ハウス化」論が私たちにとってより興味深いと思われるのは、人間形成と教育に関する考察の方向性をより直接的に示しているからである。子どもの社会化の問題を「ハウス化」論の中心に据えて議論を展開しているツィンネッカーは、成人にコントロールされない社会化空間（彼はそれを象徴的に「街路」と表現している）が次第に保護＝監視空間によって代替されるようになる歴史過程に注目している。一八〇〇年頃から一九〇〇年代の末までを大局的に眺めたときにツィンネッカーが見出したのは、社会的階層の上部から下部へと次第に子どもが「ハウス化」され、最終的に「ハウス化された子ども」が近代の子ども全体の符丁へと昇格するにいたる事態であった(4)。

空間に対するそのような問題視角が新しいというわけではない。ただ、教育学において空間の次元でこれまで最も注目されてきたのは、学校建築および教室の視角構造の成立過程とそれにともなう集団形成および教育方法の変遷、あるいはそうした学校の変化と相関する身体への作用であったように思われる。周知のとおり、アリエス（Ariès, Ph.）やフーコー（Foucault, M.）らの論考が保護＝監視の両義的な作用を学校建築の構造のなかに解読する試みを教育学のうちに発生させた(5)。「ハウス化」論は、そのような近代教育批判の射程を、都市計画をも包含するより広範なアーキテクチャにまで広げ、学校建築や教室とそれを取り巻く都市空間とを同心円的な構造として捉える視点を提起しているように思われる。ツィンネッカー自身、控えめに注記としてではあるが、周到にも次のように述べている。

「一六世紀から一八世紀までのヨーロッパにおける子ども期の歴史に関するアリエスの画期的な分析によれば、子ども期の成立は、とりわけ家族化（Familialisierung）と学校化（Scholarisierung）という主要問題を軸に追究される。ハウス化構想は、ある意味で、そのような双方の主軸の結合を可能にするものである。すなわち、家族の子どもの歴史的形成が私事的手段におけるハウス化として理解され、その一方において、ハウス化の『公的および法的』形態を考察することが学校の子どもの発生に関する考察の対象となるのである」（Zinnecker 1990：158）。

ツィンネッカーにとって、学校は「閉鎖的」な行為空間の制度化によって、「後続世代の一定の成長過程を計画的に操作する」ことを基本原理とするような「公的ないし法的」な「ハウス化」の最も重要な装置にほかならず、また、家庭はそれを補完する「私的」な「ハウス化」の装置である（Zinnecker 1990：142）。そこには、〈都市の人間形成空間論〉とでも呼ぶべき領域の萌芽が示されている。

その場合、都市化が学校空間および家庭空間の変化にどのような影響を及ぼしたのかを追究することだけが目指されているわけではない。教育学においてこれまで中心的に論じられてきた家庭と学校という二大保護空間を、さらにより包括的な都市空間の一部として位置づけ直し、両者を統合的な視野のもとで関連づけることが、ツィンネッカーの真意であった。彼によれば、都市空間の衛生化、建築物の機能的改造と再配置、モータリゼーションの促進などによって、子どもは「街路」からいわば追放され、私的・公的な内部空間へと日常的な居場所を移していく。機能的に分化した私的な空間（子ども部屋など）がつくられるとともに、公的にも教育的な施設・設備がその数を増大させていく。それらが「ハウス化された島」のように都市空間に分散しているというわけだ。また、そのような教育の意図が及びやすい諸空間を覆う都市空間は、教育的な意図の及ぶ範囲のうちに含められるようになる。本章の最初にふれた「トラフィック・ペーター」のような教育的な媒体が創り出されたことは、そのことを示唆する典型的な事例であるといえはしないだろうか。

3　都市のリアリティー

1　都市が生み出す「街路の子ども」

ところが、都市計画の試みを少し調べてすぐに気がつくことであるし、常識としても十分に納得できることなのだが、都市の「整序化」は、たとえ観念上では完全でありえたとしても、現実にはその遂行に困難を来すことがある。それどころか、秩序を生み出すはずの都市の「整序化」が、逆接的に都市の無秩序とみなされる空間を増大させるようにみえる場面に出会すことも、まれではない。第一章でとりあげたベルリンを例にするならば、最初の本格的な「整序化」の試みであるホブレヒト・ブランが同時に「非文化的で、不衛生で、簡潔にいえば民衆に敵対する無秩序」[(6)]ともみなされたことは、その典型であろう。

都市の「整序化」が新たな問題を生じさせ、またその「整序化」が試みられる。だが、そのことがさらなる問題を生む。そうした堂々巡りを象徴している具体的な建築物が、ベルリンでは「兵舎風賃貸住宅」であった。限られた土地の上に大量の人びとを居住させることを可能にする建造物として登場したこの「整序化」の装置は、都市の衛生問題や道徳問題の巣窟として警戒された。最初は市域の周辺地帯のための建築物として考案され、この種の住宅が密集した地域がそこにできあがり、時の為政者であるヴィルヘルム一世（Wilhelm I.）およびヴィルヘルム三世（Wilhelm III.）の名にちなんで「ヴィルヘルム兵舎風賃貸住宅地帯」と呼ばれた。「兵舎風賃貸住宅」が建てられる範囲は、ときの経過とともに次第に都市の中心部に向かって拡大していった。また、「兵舎式賃貸住宅」は、ベルリンだけでなく、ブレスラウやマクデブルクなど、他の工業都市でも新興住宅の範型として受け入れられ、「一八七〇年以降はこのような様式が支配的でないような都市はもはやない」（Krabbe 1974 : 20）ほどの普及をみたという。都市の「整序化」が孕むそのようなジレンマは、ベルリンに限定されることではなかったのである。

そのような事態を、ツィンネッカーも見逃してはいない。彼は、「ハウス化」の過程を長期的に眺めた場合、一九・二〇世紀転換期が両義的な局面であったことを指摘し、子どもの問題とそのことを結びつけている。彼によれば、ドイツでは、一九・二〇世紀転換期を中心に広範にわたって「都市的生活空間の拡張および建築の過密化・都市部居住地区の発生とその社会的分離や……公的建築物および各世帯と集中管理された供給・処理ネットワーク（上下水網、ガス、電気）との接合、各住居がその環境から遮断している度合いの高まり」（Zinnecker 1990：153）がみられ、それによって「子どものハウス化にとって決定的な諸前提が整えられた」。だが、同時に「ハウス化」の影響を逃れた子ども（ツィンネッカーの言葉でいえば「街路の子ども（Straßenkindheit）」）の高潮期もまた、この時代に認められるという。つまり、都市化が推進される過程でできあがった「区画化された街路やそれに隣接する都市空間ゾーン（中庭、フロア、公共の広場など）が子どもの生活および社会化のための格好の媒体空間」（Zinnecker 1990：153）となり、子どもの周りに大人によるコントロールを逃れた時空が増大したというわけだ。そのような指摘は、一九・二〇世紀転換期に関していえば、前節において示唆した〈都市の人間形成空間論〉の漠としたイメージに修正を迫るものである。「ハウス化」は、直線的にその完成へと向かう過程としてではなく、紆余曲折の過程として想定されねばならないだろう。

2　人間形成の「整序化」への意志

ツィンネッカーは、都市の「整序化」が完遂される前に立ち現れるコントロール困難な社会化空間（＝街路）の重要性が、一九・二〇世紀転換期のみならず、長きにわたって教育に関する考察のなかで見過ごされてきたという。

「今日にいたるまで、公共的な街路空間における子どもの存在様式は、学校教育、社会教育、家庭教育に携わる教育者および教育学者にとって、もっぱらネガティヴで否定されるべき社会化環境のトポスとみなされている。『街路の子ども』は、正しく教育された子どもとは正反対のタイプをあらわしている。そうした前提をもとにして、これまで教育の諸機関以外についてさほど多くの研究がなされてこなかった。重層的な街路環境に対する子どもたちの洗練された対峙の仕方は、したがってまれにしか児童研究者の視野に入ってこなかったのである」（Zinnecker 1998：39f.）。

都市の「整序化」の推進者たちが秩序の問題を重視するあまりに「集団の凝集性」を生み出していた「コミュニタス」的な空間の重要性を看過していたと指摘する富永とほぼ同様の問題視角によって、ツィンネッカーは、街路が「地域の子ども文化の集結地点」であり、また「多様に変化する状況」のなかで個人の「アイデンティティ・バランス」をとるうちに成長するような「子どもの生活および社会化にとって優れた空間的媒体」（Zinnecker 1990：151）であったと指摘している。そのうえで、教育関係者たちはそのような空間をあまりにも「過小評価」（Zinnecker 1979：727）してき

図 2-2　ハインリッヒ・ツィレが描く故郷としてのベルリン風景
ベルリンの裏路地に集う人びと。そのなかで子どもたちが思い思いに遊んでいる。

出典　Zille,H.: *Mein Milljöh. Neue Bilder aus dem Berliner Leben.* Köln 1997, S.55 (Nachdr. Der Erstaufl., Hannover 1914).

たと批判するのである。あたかも一九・二〇世紀転換期のベルリンにおける民衆の都市生活空間の全体を当事者のまなざしで捉えようとした画家ツィレ（Zille, H.）と同様の立ち位置から（図2 - 2）、とはいえ彼とは異なって教育に関する理論の次元において、「街路の子ども」を眺めようとしているかのように。

一九・二〇世紀転換期には、「大都市」の問題が統計などによる数値によって明確に示され、そうした問題の〈適正化〉が試みられた。そのことに類似して、子どもについての多様な調査にもとづいて、「街路の子ども」が注視され、さまざまな調査（都市の子どもの犯罪率、居住状況、家族構成、食事状況、疾病の有無、虫歯保有者の割合、飲酒および喫煙の経験などの統計）の結果にもとづいて把握可能な〈実体〉とみなされ、そして〈適正化〉への要求が正当化された。この点に注目するツィンネッカーが一般的な傾向として一九・二〇世紀転換期の教育学に確認しようとしたのは、つまるところ一九世紀の都市計画家たちのそれと同様の「整序化」への意志であり、また子どもたちを「大都市」の犠牲者とみなすような〈善意〉によって子どもたちを「大都市」から引き離そうとする心性であった。

4 「大都市教育学」

1 「大都市」の〈差異〉が有する人間形成力

だが、「大都市」を危険な人間形成空間とみなしたうえで子どもたちをそこから引き離そうとする一般的な傾向のなかで、特筆すべき例外がある、とツィンネッカーはいう（Zinnecker 1998 : 40）。そのような例外とは、二〇世紀初頭の「新教育」運動に関わる何人かの人物の思想である。彼らは、街路の生活空間を「大都市教育学」の対象とみなし、さらに都市部の初等教育段階における授業や郷土科にとって現実味のあるテーマであると考えた。そのような例としてあげられるのは、たとえばブレーメンの国民学校教師ガンズベルク（Gansberg, Fr.）であり、またベルリンの教育学者テフス（Tews, J.）である。

なかでも重要と考えられるのは、テフスであろう。[7] 彼は、「大都市（Großstadt）」と「教育（Pädagogik）」とを文字どおり接続し、都市と人間形成に関する考察を「大都市教育学（Großstadtpädagogik）」（Tews 1912 : 5）という一つのジャンルとしてまとめ上げようとした人物である。彼の目論見は、「大都市教育学」という「おそらく新しい言葉」（Tews 1911 : 1）を鍵として、「教育学にとって馴染み深いことがらと主張」、つまり「大都市の子ども、また彼を取り巻く身近な環境、教育者、学校の特性を捉えることを唱え、そのような特性から実践的な教育に関する主張」を試みることにあった。彼は、「大都市」に対する漠とした不安を同時代人たちと共有しながらも、「大都市」を人間形成にとっての有用な環境として解釈しようとした代表的な論者であった。ツィンネッカーが示唆するところによれば、一九・二〇世紀転換期に「整序化」への意志が煽り立てられるなかで、テフスは時代の流れに飲み込まれなかった特別な人物の一人であるとされる。だが、ほんとうにそうだろうか。

なるほどテフスは、「大都市」の〈非教育的側面〉をもっぱら強調した他の多くの教育学者たちと異なって、新たな〈教育的側面〉をもそこに見出そうとした。だが、彼もまた、〈教育的側面〉と〈非教育的側面〉が混在する「大都市」のなかで生活する子どもを適切に導くための配慮が必要であるとしており、したがって、かつて子どもたちを保護していた共同体を代補するような「教育共同体」としての学校の重要性を強調しているのである。「教育共同体」の形成という彼の主張は、「大都市」からドイツ全域へと、また年少の限定された段階から高等教育段階にいたるまでを包摂するより広範な対象へと射程を拡大し、最終的には、学校を核として人間の生を全面的に保護するような巨大な「ドイツ国民教育の館」(8)を形成することの提案へと連なっていった。

以上で述べたように、テフスが「ハウス化」を促進する心性と無縁であったとはとうてい考えられない。「学校化」を「ハウス化」の特殊形態であるとするツィンネッカーの立場からすれば、当然テフスもまた一九・二〇世紀転換期における例外的な教育論者として位置づけられるのではなく、むしろ、一見したところ対極にあるかにみえる「大都市」嫌悪を前面に押し出した多くの教育論者たちとそう遠くない地点にいたようにみえはしないだろうか。テフスは、人間形成空間としての「大都市」を擁護しつつ、「大都市」の側から、本来〈教育的〉でも〈非教育的〉でもなかった領域に介入し、その領域を構成する個々の要素が〈教育的〉かどうかを査定しつつ、具体的な対応へと人びとを向かわせ、そうすることによって近代における保護の包囲網を拡大しようとしたのではなかったか。そのような意味で、テフスのような「大都市」の擁護者の思考法と嫌悪者のそれとは、相異なるが相補的な二様の思考法としての相貌を有しているように思われる。

2 「大都市」を容認する前提としての保護

ツィンネッカーがテフスの教育論におけるそのような側面を見落としたことについては、おそらくそれなりの理由がある。

第一に、テフスは「大都市」に対する表層的な観察を戒めることの必要性を、また「大都市」の内部から観察することの重要性を意識していた。ツィンネッカーが同じく高く評価した発達心理学者のムヒョウ（Muchow, M.）がそうであったように、テフスは都市を〈生きられた空間〉とみなしていた。ムヒョウは、子どもが活動するための重要な場所が大人にとって重要でないことを、それどころか両者が重視する場所が正反対であるということを証拠立て、物理的に一つの空間が体験者によって何重もの異なった空間としてたちあらわれることを指摘した。テフスもまた、大規模な都市をただ外部からその表層だけを観察し、都市への漠然とした印象の背後に隠れている多様な経験を促す媒体としての側面を看過してはならないことを強調している。テフスによれば、「パリはブールバールではないし、ベルリンはフリードリッヒ・シュトラーセやウンター・デン・リンデンではない」（Tews 1911：9）のであり、そのような目抜き通りの影に、たとえば河川の畔や郊外の森林地帯や、あるいは路地など、「大都市」の第一印象では捉えられない実に多様な要素が存在していることを見逃してはならないとされた。

第二に、テフスは、都市部を人間生活の病巣とみなす伝統的な都市批判が等閑視してきたような、「大都市」の〈差異〉が有する人間形成力を示唆している。テフスによれば、「大都市」において増大する〈差異〉が、そこに生きる人間の性質そのものを変容させ、「大都市人」たらしめる。「大都市そのもの、そこで生活し、押し寄せ、出会い、働き、戦い、新たなものをつくりだし、古いものを改造する者すべてを含めた大都市そのものが、偉大な教育者」（Tews 1911：21）であり、「機敏で、批判的で、冷静で、勤勉で、自己意織が高く、また快活でテンポが速く、そして素直な人間を育てる」（Tews 1911：26）というわけだ。「大都市」における人間形成は、たとえばテフスが子どもたちの自尊心について語る場合に示唆されているように、「家庭や学校における従来の教育様式にもはやそぐわないような」（Tews 1911：101）性質をも内包しているが、それは教育に関する当時の通常の見解とは異なって、必ずしも否定的な側面とはみなされず、むしろ人間形成の重要な契機として捉えられている。

通常の教育に対する理解を超えてそこから充溢する部分こそ、テフスが「大都市」の名のもとに理解する新たな社会状況のうちに見出した人間形成の肯定的な側面であった。だが、「大都市」の人間形成力を強調するこの著述家は、同じ著作のなかで、何の躊躇もなく、たとえばクラッセンという論者による「最高に魅惑的な遊び場の未来像」の描写を共感をもって次のように引用している。

「高架道路の通った住宅地のすぐ近くに、地均しをした土地を備えた野原がある。周辺には、幅の広い帯状の芝が取り囲んでいる。さらにその外側には、木陰のできた並木道があり、そのそばにベンチが置かれている。夕方、高齢者たちがそこに腰掛けたり、あるいは散歩をしたりしている。野原では、子どもたちが飛び跳ね、遊んでいる」(Tews 1911：104)。

私たちがニュータウンと呼ぶような、計画的に機能分化が施された地域に埋め込まれた公園を彷彿とさせるこの「遊び場の未来像」の提示には、もちろん当時の現状に対する批判の意味合いが込められている。青少年の居場所として不適切とみなされ、「遊び場の未来像」からほど遠いとされた場所。それは、テフスが続けて述べていることにもとづいていえば、夕刻に人びとがひしめき合う目抜き通りであり、音楽の鳴り響く居酒屋であり、また、「貧民層の兵舎風賃貸住宅」であった。それらの場所の現状を知る者にとっては、「大都市の子どもたちに光と空気と緑をもたらす必要があることはもはや疑いえないだろう」（Tews 1911 : 104）と彼はいう。

〈教育的〉な空間を「大都市」のなかに計画的に配置し、大人たちから見通しやすいその空間のなかで子どもたちを「自由」に振る舞わせ、同時に、そうすることによって彼らを〈非教育的〉な空間から遠ざける。だが、その〈非教育的〉な空間こそ、危うくも「従来の教育様式にもはやそぐわないような」人間形成の力を秘めた空間としてテフスが一度は認めたものではなかったか。テフスが真に求めていたのは、両者の融合であったのかもしれない。だが、〈教育的〉に特化された空間のなかに〈非教育的〉な空間を取り込んで、全体を再び〈教育的〉と再定義することはいかにして可能だろうか。自ら打ち立てた「大都市」に関する問題構成がそのような困難な問いを孕んでいることについて、テフスは意識的でもなければ、ましてや真摯な考察を試みることもなかった。

5　挑発し続ける都市

テフスは、「大都市」に身を委ねてその人間形成の力に期待しようとする決意と「大都市」を危険のない空間として馴致してしまうことへの意志の間を往還しながら、「大都市教育学」の樹立を前にあと一歩のところで教育学の伝統へと引き返しているかにみえる。彼の姿は、山頂寸前で必ず転がり落ちる大石を永遠に押し上げようとするギリシャ神話の登場人物シシュフォスを想起させる。いわばテフスの人間形成論が「大都市」を承認し、彼の教育論がそれに不安のまなざしを向けるという、整合しがたい二つの態度を揺れ動きながら、「大都市」と「教育」をめぐる思考は、たえざる循環を繰り返す。

ツィンネッカーは、テフスにおける「大都市教育学」を手放しに賞賛し、「大都市教育学」を「ハウス化」論の遠き源泉とみなした。だが、そのことは彼がテフスの思考を共有していたということを必ずしも意味していない。ツィンネッカーが看過していたのは、都市化の波のなかで例外的にテフスがもちえた都市の人間形成力に関する〈発見〉のまなざしが、同時に計画化へのまなざしと不可分のものでしかありえなかったということであった。両者において決定的に異なっていたのは、保護の問題に対する距離の取り方にあるのだが、ツィンネッカーはそのことを意識していない。

テフスの方は、あくまでも学校を核として人間の生を全面的に保護するような巨大な「ドイツ国民教育の館」を打ち立てるという前提のもとで都市の人間形成力を容認しようとした。かたやツィンネッカーは、グライヒマンの「ハウス化」論にもとづいて、近代の都市を、より正確にいえば都市計画のもとにデザインされた都市を、個人を馴致する装置とみなしたうえで、そのようなメカニズムの影響範囲を逃れた「忘れられた社会化空間」としての「街路」を称揚した。そのことによってツィンネッカーは、テフスにおける思考上の堂々巡りをどこか抜け出していたようにみえる。だが、まさにそれゆえに、教育的な保護の根本問題に取り組むことを回避してしまっていたのではないか。

序章において論じたとおり、人間形成が保護という要素を必要とするとすれば、そのような保護の外部に発見された都市の人間形成力はいかにしてそのような保護の問題と折り合うのだろうか。ツィンネッカーが用意した出口、つまりユートピアとしての「街路」という考え方を選択しないのであれば、私たちもテフスにおけるシシュフォスの営みを選択するほかはない[9]。都市の「整序化」はおそらく常に不完全であり続ける[10]。そのかぎりにおいて、程度の差はあるにしろ、依然として一九・二〇世紀転換期の教育学者たちが「大都市」に抱いた不安と期待は時と場所を超えて繰り返し立ち現われるのであり、また、都市は教育学的思考の触媒であり続けるはずだ。都市の「整序化」が未完にとどまるのであれ（その場合、人間形成の環境における無秩序や不安定さに対する不安が喚起される）、完成に向かうのであれ（その場合、人工的な空間構造が人間形成にとって生み出す副作用が懸念される）、教育学的思考は絶えず触発される。そのような意味において、都市は教育について語ろうとする者を二重に引きつける戦略を備えているといえる。

注

（1）「ハウス化」論については、日本でもすでに鳥光 1994 などによって紹介および検討がなされている。ここでは、都市と人間形成の関係を論じる際の問題構成の問題に「ハウス化」論をかかわらせてみたい。

（2）エリアスの重要語である“Figuration”は訳書では「編み合わせ」となっているが、本章における他の表記と統一を図るために、ここでは「関係構造」と訳した。

（3）「ハウス化」による負の側面は、グライヒマンがかつて用いていた「家畜化」概念においてより強く批判されていた。この概念を「ハウス化」概念に置き換えたことによって、グライヒマンは近代の両義性を観察する方向に立場をやや移動させているようにみえる。
（4）日本における経済成長期以降の空間変容と人間形成および自己形成の関連性について主題化しようとした堀内1979や高橋1992の論考は、対象となる時代や国は異なるものの、ここでとりあげている「ハウス化」論の批判的視点を共有しているように思われる。
（5）ドイツでは、Kost 1985などがこの方向性における教育学研究者の典型であろう。日本では、たとえば森1993、寺崎1997、柳2005などを挙げることができる。また教育とのかかわりを意識しつつベンサム（Bentham, J.）を論じた労作として小松2006を参照。
（6）『石造りのベルリン』（一九三一年）の著者ヘーゲマンの言葉（Schwenk 1998からの再引用）。この都市計画は、建築家ホープレヒト（Hobrecht, J.）を中心とする委員会によって、一八五八年から一八六二年の間に考案された。ベルリンの歴史のなかでも「最も重要な、とはいえ最も評価の定まらない出来事」（Schwenk 1998：137）の一つに数えられる。予期された将来の人口集中（ベルリンの人口が約五〇万人であった一八六〇年前後の時点で、その後五〇年の間に一五〇万人から二〇〇万人に達することが予想されていた）およびそれによって引き起こされるであろう諸問題の発生に対して講じられた都市計画で、オースマンによるパリの大改造から大きな影響を受けたとされる。
（7）テフスについては、詳しくは山名1999、山名2000を参照。ここでは行論の都合上、必要と考えられる範囲でテフスを紹介する。
（8）テフスは、ドイツにおける統一学校制度の主張者としてもよく知られている。ドイツでは、中等教育段階において大きくは三つの種類の学校に分岐しているが、この学校制度は教育の機会均等などの面で問題があるということがしばしば指摘される。統一学校制度とは、そのような問題を是正するために、学校体系を単線的に組み上げるという側面を有している。私たちにとって興味深いのは、都市という、刺激的ではあるが危険な人間形成の空間において、子どもたちを教育的に保護しようというテフスの「大都市教育」論が、統一学校制度の論理に統合されて、「ドイツ国民教育の館」の議論へと発展している、ということである。

(9)　もう一つの選択肢は、第一章において確認したような、「大都市」の状況について積極的な介入を行うことに対してジンメルがみせた躊躇、すなわち「大都市」に対する「裁判官の態度」を否定することであるかもしれない。それは、テフスの場合のように「大都市」に身を委ねる決意と「大都市」をとがめる意志との間でシシュフォス的な往還運動が生じてしまうことを回避する一つの戦略として解釈できる。だが、それは、いわば教育学の外部に位置する者が選択できる一つの立場である。そのような立場からは、たとえば地獄界と恩寵界の想像へと思想家ベンヤミン（Benjamin, W.）を誘ったベルリンの凱旋記念塔のように、都市空間の構成要素がそれに託された機能（凱旋記念塔の例でいえば、勝利の顕彰や歴史の伝承）を超えて個人に作用することも視野に入ってくるだろう。テフスが期待した教材としての都市――今井康雄（1998）ならば「メディア」としての都市と呼ぶだろうが――とは異なって、教育的な導きを超え出た経験に開かれる（開かれてしまう）契機となるような都市――近年における今井の定義にしたがえばモノとしての都市と名づけられるにちがいない――がそこに立ち現れることになる。前者が教育論において扱いうる対象であるとすれば、後者は人間形成論において論じられる。人間形成論にまで議論の範囲を拡大するとき、私とは立場を異にする高橋勝の賛同もおそらく得られるだろうが（高橋 2015：170）、子どもの〈眼差し〉に立ち帰ることで経験の多様性を捉えようとする「現象学」的方法による教育空間論への通路が「思想史」的教育空間論のうちにも見出されるのではないだろうか。

(10)　都市社会学者である若林幹夫の次のような指摘を参照。「近代以降の都市を計画されたモデルに回収する試みは、ブラジリアやチャンディガールのような『計画都市』の場合も含めて、都市の形象化という点ではことごとく挫折している。そもそも自らを規範的な構造によって形象化することなく、市場という絶対空間を媒介として不断に変容を続け、交通と循環のインフラによって広域的な活動を内部化した形象なき都市においては、いかなる計画に対しても都市は過剰なのであり、それゆえ計画が対処すべき『問題』もまた常に生み出され続ける」（若林 1999: 197f.）。

文献

Ch・アレグザンダー／押野見邦英訳（1967）「都市はツリーではない」『デザイン』一九六七年七月号、八－一二頁、一九六七年八月号、一〇－一四頁。

L・ベネヴォロ／横山正訳（1976）『近代都市計画の起源』鹿島出版会。

N・エリアス／波田節夫ほか訳（1978）『文明化の過程』下巻、法政大学出版局。

F・ショエ／彦坂裕訳（1983）『近代都市――一九世紀のプランニング』井上書院。

Gleichmann, P. R. (1987): Architektur und Zivilisation. Eine Skizze. In: *archithese*. 17/2, S.40-46.

原広司（1997）『空間〈機能から様相へ〉』岩波書店（初版は一九八七年）。

堀内守（1979）「人間形成の文明論的地平――人間形成空間の構想」平野智美・菅野和俊編『人間形成の思想』（教育学講座 第二巻）、学習研究社、一一〇－一三四頁。

A・ヒュイッセン／田中純訳（2000）「ベルリンの空虚」『批評空間』Ⅱ－二五、一一六－一三一頁。

今井康雄（1998）『ヴァルター・ベンヤミンの教育思想――メディアのなかの教育』世織書房。

小松佳代子（2006）『社会統治と教育――ベンサムの教育思想』流通経済大学出版会。

Kost, Fr. (1985): *Volksschule und Disziplin*. Zürich.

Krabbe, W. R. (1974): *Gesellschaftsveränderung durch Lebensreform ―― Strukturmerkmale einer sozialreformerischen Bewegung im Deutschland der Industrialisierungsperiode*. Göttingen.

森重雄（1993）『モダンのアンスタンス――教育のアルケオロジー』ハーベスト社。

Rühle, R. (2002): Schmutzige und naschhafte Kinder. Zur Motivgeschichte kindlicher Unarten in

Struwwelpetriaden. In: Wiedermann, U. (Hrsg.): *"Was? Walter! Sechzig!?"* Frankfurt a.M., S.60-65.

Schwenk, H.（1998）: *Berliner Stadtentwicklung von A bis Z.* Berlin.

R・セネット／今田高俊訳（1975）『無秩序の活用――都市コミュニティの理論』中央公論社。

高橋勝（1992）『子どもの自己形成空間――教育哲学的アプローチ』川島書店。

多木浩二（1982）『目の隠喩――視線の現象学』青土社。

寺崎弘昭（1997）「教育と学校の歴史」藤田英典・田中孝彦・寺崎弘昭『教育学入門』岩波書店。

Tews, J.（1911）: *Großstadtpädagogik. Vorträge, gehalten in der Humboldt-Akademie zu Berlin.* Leipzig.

Tews, J.（1912）: Die Großstadtschule. In: *Festschrift. Deutsche Lehrerversammlung.* Berlin, S.5-11.

富永繁樹（1976）「都市空間のための見取図」『展望』第二一二号、五〇－五四頁。

富永繁樹（1977）「オスマンとパリ改造事業」河野健二編『フランス・ブルジョア社会の成立――第二帝政期の研究』岩波書店、二〇五－二二八頁。

富永繁樹（1996）『都市の憂鬱――感情の社会学のために』新曜社。

鳥光美緒子（1994）『世紀転換期の日本とドイツにおける都市化と子ども期に関する比較史的研究』（平成四・五年度文部省科学研究費補助金一般研究（Ｃ）　課題番号０４６０１１４９　研究成果報告書）。

Ｖ・Ｗ・ターナー／冨倉光雄訳（1976）『儀礼の過程』思索社。

若林幹夫（1992）『熱い都市冷たい都市』弘文堂。

若林幹夫（1999）『都市のアレゴリー』ＩＮＡＸ出版。

若林幹夫（2010）『〈時と場〉の変容――「サイバー都市」は存在するか？』ＮＴＴ出版。

山名淳（1999）「教育学的思考における『大都市』――Ｈ・リーツとＪ・テウスの〈大都市／田園〉図式をめぐって」『近代教育フォーラム』第八号、一八七－一九八頁。

山名淳（2000）『ドイツ田園教育舎研究――「田園」型寄宿制学校の秩序』風間書房。

山名淳（2003）「都市空間の教育哲学」小笠原道雄編『教育の哲学』放送大学教育振興会、二二一‐二三四頁。
山名淳（2012）『「もじゃペー」に〈しつけ〉を学ぶ――日常の文明化という悩みごと』東京学芸大学出版会。
柳治男（2005）『〈学級〉の歴史学――自明視された空間を疑う』講談社。
Zinnecker, J.（1979）: Straßensozialisation. Versuch, einen unterschätzten Lernort zu thematisieren. In: *Zeitschrift für Pädagogik*. 25/1, S.727-746.
Zinnecker, J. (1990): Vom Straßenkind zum verhäuslichten Kind: Kindheitsgeschichte im Prozeß der Zivillisation. In: Behnken, I. (Hrsg.): *Stadtgesellschaft und Kindheit im Prozeß der Zivilisation. Konfigurationen städtischer Lebensweise zu Beginn des 20. Jahrhunderts*. Opladen, S. 142-162.
Zinnecker, J. (1998): Recherchen zum Lebensraum des Großstadtkindes. In: Muchow, M./Muchow, H. H. : *Der Lebensraum des Großstadtkindes*. Weinheim/München, S. 15.
Zinnecker, J. (2001): *Stadtkids. Kinderleben zwischen Straße und Schule*. Weinheim/München.

Intermezzo 1　コメニウス庭園雑感
――あるいはドイツにおける教育空間論

以前、ベルリンのノイ・ケルン地区にあるコメニウス庭園を訪れたことがある。コメニウスは、一七世紀の思想家で、世界初の絵入り教科書といわれる『世界図絵』（一六五八年）などを公にしたことによって、教育学でもよく知られる人物である。この庭園は、彼の生誕後四〇〇年を記念してつくられた。私が訪問したとき、季節が春だったこともあって、公園には色とりどりの花々が咲き乱れて美しく、また都市部に位置しているにもかかわらず落ち着いた雰囲気が漂っていた。偉大な思想家の名前を冠していることから勝手に大規模な公園を連想していたが、周囲のアパート群に囲まれているせいか、あるいは敷地が縦に長細いせいか、いずれにしてもこぢんまりとしている印象を受けた。入り口に掲げられている看板に公園名が記されていなければ、教育思想史上で最も有名な人物の一人がこの場所に名前を捧げていようとは、おそらく誰も気づくまい。

公園の管理者とともになかに入り、説明を受けながら散策した。『世界図絵』さながらに汎知学の体系がその空間にくっきりと刻み込まれているかと思いきや、案内してくれた人の話によれば、どうやらそうでもないらしい。「この庭園にはゴミ箱を一つしか置いていないのですが、それもまた教育的配慮からでありまして……」。「教育的」という言葉がいたるところに鏤められた説明に少々困惑しながら、中央付近で両手を広げて歓迎してくれているコメニウスの立像の前を通り過ぎた。

コメニウス庭園が設立された経緯は……と続けてこの庭園についての詳しい情報を提供してみたい気がしないでもない(1)。だが、私の興味は、この庭園そのものにあるというよりも、むしろここがドイツ統一後の空間変容のなかで生じた人間形成のための空間イベントのひとつであるということの方にあった。公園だけではない。旧東ドイツ地域を中心に、学校の新築および改築の話もよく耳にする。そのような学校のなかには、ザクセン・アンハルト州のヴィッテンベルクにあるマルティン・ルター・ギムナジウムのように、生徒、教師、保護者が協議して校舎をどのように改装するかを検討し、その結果としてエコロジーと芸術を主題にした色彩豊かなデザインが施された学校もある(本書の第五章を参照)。

社会空間全体がアーキテクチャによって覆われる度合いを増大させ、またかつてのアーキテクチャの解体および再構造化が活発に行われると、空き地のようなあいまいな空間が減少し、空間ごとに特定の社会的機能が極めて意識的に割り当てられるようになる。それにともなって、さまざまな文化領域に関する空間の新たな創造や再配置が進行するが、もちろん教育の領域についてもそのことはいえる。空間の再編成のなかで教育に関わる空間をどのようなかたちで確保し、また新たな空間をどのように創造するのか。空間変容の時代は、そうした課題を引き受けるように関係者たちに要請するだろう。上述した教育にかかわる空間イベントも、それぞれ多様な背景をもってはいるだろうが、鳥瞰的にみればそのような諸文化領域で生じている空間の再配分および再創造の一部であるように思えてならない。

教育空間イベントの時代は、おそらく教育空間論の時代でもある。(2) もっとも、ドイツの教育学における教育空間論が明確な潮流をなしているというところまでは言い切れず、いってみれば教育空間論の静かなブームの兆候が東西ドイツ統一後の時代にみられたといった方が適切なのかもしれない。少なくとも教育学専門誌の特集や学会でのシンポジウムのテーマ選択などに注目してみるかぎり、当時、教育空間論が徐々に関心を集めつつあったということを感じ取ることができるのではないだろうか。たとえば、一九九四年に雑誌『人間形成と教育』がいち早く「教育学とアーキテクチャ」という特集を組んでおり、(3) 二〇〇〇年代に入ってからは、雑誌『教育フォーラム』が「(人間)形成空間と空間形成」という特集を組んでいる。(4) 学会のテーマに関していえば、ドイツ教育学会の教育人間学（教育人類学）研究会が一九九七年一〇月にマクデブルクで催した大会で、「空間のメタモルフォーゼ」というテーマをめぐって報告がなされ、また議論が交わされたことが挙げられるだろう。(5) さらに、二〇〇一年九月にレクリンクハウゼンで開催された同学会教育史セクションの大会では、「空間の教育的形態――その歴史およびモダニティ」というテーマが掲げられている。(6) ポツダム広場や帝国議会堂近くの巨大な工事現場の状況を眺めながら教育空間をめぐるそのような議論の活況について思うとき、近代都市の出現による急激な空間変容が都市論の発生を促進し、また教育空間をめぐる議論を刺激した一九・二〇世紀転換期のことを想起せずにはいられない。いくつかの時代を経て、急激な空間変容は今また空間についての、さらには教育空間についての人々の感性を鋭敏化させているのだろうか。

急速化する空間の変容が空間に対する教育学的関心を増大させたのではないかという推測は、ひょっとしたら私のような期限付き滞在者の的を外れた勘ぐりなのだろうかと、自分を疑ってもみた。だが、教育空間論ブームの兆候については、それに関与しているとおぼしき人びとの発言を引用することができる。たとえば、教育空間論のブームについて、先述の『教育フォーラム』の編集者は、次のように述べている。「ここ数年間、空間問題は、人文科学および社会科学における学際的な対話のなかで驚くほどその地位を上げた。……空間に関する議論は成功を収め、図書館の書棚は関連文献で一杯になっている。社会学から芸術史にいたるまで、あるいは哲学、文学、文化理論および心理学の領域において、『空間論的展開』についていたるところで語られている。教育科学および教育史学も、そのような議論の進展に目をつぶってはいなかった」(Johinke, U./Jacob, U. 2001: 97)。あるいは、先にふれた教育史学セクションの大会パンフレットにも、「ここ数年の間、教育史研究の領域では学校建築や教育環境について明らかに高い関心が再び向けられるようになったことが認められる」(Apel, H. J. u.a. 2001) と書かれている。ちなみに、二〇一六年三月に開催されるドイツ教育学会カッセル大会のメイン・テーマもまた、「人間形成のための空間、人間形成の空間」である。

ところで、そのような教育空間論ブームの社会的背景とは別に、教育学内部のこれまでの議論との関連で今なぜ教育空間論なのかと問うてみたくもなる。たしかに、教育は時間問題か空間問題かといわれれば、伝統的にはどちらかといえば時間問題としての側面がこれまで大きくとりあげられてきたかもしれない。教育の実践における瞬間の出来事を一つのまとまった授業時間として紡ぎ、そうした時間を子どもの成長・発達というより大きな時間の流れのなかに巧みに組み入れる術および制度を生み出す努力を教育学は払ってきたのではないだろうか。とはいえ、教育空間に関して先行する理論がなかったかといえば、そのようなことはむろんない。

戦後のドイツ教育学に限定してみても、たとえば一九六〇年代の学校改革と密接に結びついた学校空間のオープン化の試み（一九七四年開校のビーレフェルト実験学校）とヘンティヒ（Hentig, H.）らを中心としたそれに関する教育学的調査がまず挙げられるだろう。また、ボルノウ（Bollnow, O. F.）の実存主義的人間学にもとづく教育空間論の試みもなされたし、一九八〇年代にはリッテルマイヤー（Rittelmeyer, Ch.）による学校空間に関する現象学的研究もみられた。クラスの形成過程に関する歴史研究などももちろん見落としてはならないだろう。とりわけ、コスト（Kost, Fr.）らの研究など、一九八〇年代から一九九〇年代にかけてドイツ語圏の学校空間に関する研究でフーコー（Foucault, M.）に依拠した規律論の影響を色濃く受けたものが散見される。最近の教育空間論は、まったく新しい動向の出現としてではなく、むしろ以上のようなさまざまな理論的背景や政治的背景をもって別々に展開されていた議論を相互に照合してみようという統合的な試みの出現であるようにみえる。

二一世紀に入ってから顕著にみられるのは、視野に入れられるべき教育空間の範囲を努めて拡張しようとする傾向である。たとえば、二〇〇一年に開催されたドイツ教育学会の教育史学セクションにおける先述の大会を例にとると、地域としては、ドイツ（その場合、旧西ドイツの教育空間だけでなく旧東ドイツの教育空間も視野に入れられる）のみならず、他のヨーロッパ諸国、アメリカ、またアジアなども考察対象としてとりあげられている。時代の範囲も汎愛学舎の一八世紀から現代まで幅広い。領域は、学校の内部空間（クラス）の構成だけでなく、外観および外装も注目され、また通常の学校だけでなく、生涯学習の空間や労働空間および家庭空間も視野に入れられている。アバンギャルドの学校建築、教育空間としての改革コロニー、人間形成空間としての都市など、教育史研究領域においてこれまで必ずしも十分にとりあげられてこなかった考察対象も浮上している。さらには、博物館、記念館、記念碑、記念公園などのような想起のアーキテクチャも、広義の重要な教育空間として注目されている。

教育史研究における空間の対象領域を拡大することの有効性は、無論、考察の明確な焦点を喪失しかねないというリスクと表裏一体のものである。かたや教育人間学（教育人類学）における教育空間論は、方法論の点で貪欲なまでに隣接科学の成果を取り入れることで新局面を切り開こうとしているが（Liebau,E./Miller-Kipp,G./Wulf,Ch. 1999：13）、ここでもまた教育空間論の輪郭を保持するための多大な努力が要求されるだろう。ただ、教育史と教育人間学（教育人類学）が互いにそのようなリスクを負いながらさまざまなかたちで教育空間論の領域と方法とを拡張することによって、両者の有意義な対話の可能性が見出されるようなことがあれば、もちろんそれに越したことはない。両者が融合したときにこそ、教育空間論ルネッサンスの本格的な到来となるにちがいない。

コメニウス庭園を散策している間に湧き起こった教育空間論についての夢想から、ふと我に立ち戻る。「ここにある木の実を子どもたちに何度も盗み食いされて、ほんとうに迷惑しました。数年前には、ある子どもがここにある木を切ろうとして鉈で切り込みを入れましたが、厳しく注意したらそれから来なくなりましたよ」。庭園の美しさを維持するための管理者の苦労はそうとう大きいようで、とくに子どもによる「不法侵入」を警戒しているらしい。公園の四方は、大人の胸の高さほどの柵で覆われている。空間のもつ美観と憩いの機能を維持するためには、やむを得ない措置なのかもしれない。奇妙に思われたのは、よくみると梯子のような金具が柵の内側に備え付けられていることだ。「腕白坊主」ならこの金具を使って柵を越えようとすることはまちがいない。不思議に思って管理者に尋ねてみたが、彼はふふと笑みをうかべるばかりであった。「教育的」な頑固親父を演じつつ、なおかつ「教育的」な権威に対する侵犯をも許容できるような空間の形成を管理者が意図しているのだとしたら、天晴れというほかはない。

注

（1）コメニウス庭園の詳細については、たとえばVierck 1992を参照。

（2）ドイツでいう「教育空間（Pädagogischer Raum）」とは何か。たとえば、ケムニッツ（Kemnitz, H.）は、①教育的に機能することが目指され、②教育的意図をもってそこで人々が振る舞い、また③教育的作用を引き起こすことが認められるような空間を「教育空間」として緩やかに規定している（Kemnitz 2000：47）。そのような定義にもとづいていえば、学校などは典型的な教育空間であろうし、またミュージアムや記念公園などもそこに含まれるだろう。さらには、子ども部屋や改革コロニーなどもその境界領域に浮上する。

（3）*Bildung und Erziehung*（Thema: Pädagogik und Architektur），47(1994)1.

（4）*Pädagogische Forum*（Thema: Themenschwerpunkt: Bildung-Räume - Raum-Bildung），2/2001.

（5）本大会の成果については、当日の研究報告を中心に編集されたLiebau/Miller-Kipp/Wulf 1999を参照。

（6）この大会における研究報告をもとにした論集（Kemnitz u.a. 2003）が刊行されている。

文献

Apel, H. J. u.a.（2001）: Zum Thema. In: Apel, H. J. u.a.: *Prospekt für die Jahrestagung der Sektion Historische Bildungsforschung in der Deutschen Gesellschaft für Erziehungswissenschaft*（unveröffentlicht）.

Johinke, U./Jacob, U.（2001）: Einleitung. In: *Päd.Forum*. 2/2001, S.97.

Kemnitz, H.（2000）: “Pädagogische” Architektur？ Zur Gestaltung des pädagogischen Raums. In: *Die Deutsche Schule*. 93(2000)1, S.46-57.

Kemnitz, H. u.a.（Hrsg.）（2003）: *Die pädagogische Gestaltung des Raums—Geschichte und Modernität*. Stuttgart.

Liebau, E./Miller-Kipp, G./Wulf, Ch.（1999）: *Metamorphosen des Raums. Erziehungswissenschaftliche*

Forschungen zur Chronotopologie. Weinheim.
Vierck, H. (1992): *Der Commenius-Garten*. Berlin.

第三章　都市を批判する都市
——田園都市という「自由空間」と文化批判

1　つくられた故郷としての田園都市

初めて訪れた場所であるにもかかわらず、ふと懐かしさを覚えるような場所があるものだ。ドイツのザクセン州にある田園都市ヘレラウは、少なくとも私にとって、そのような場所のひとつである（図3-1）(1)。「田園都市」という名称から都会の雰囲気をイメージしてしまうと、おそらくそれは事実にそぐわないだろう。ヘレラウは、都市や都会というよりも、むしろ町、いや村という言葉と符合するような落ち着いた雰囲気をまとう集落である。ドイツという、私にとって異国の地にあるこの村落は、自分の故郷に似ているわけではない。それにもかかわらず、この田園都市は、なぜか郷愁の念にも似た気持ちを呼び起こさせる(2)。

土地の起伏に沿うかのような曲がりくねった道。交通のための道路だけでなく、遊んだり集ったりすることができるような路地もそこに入り交じっている。ヘレラウそのものが緑地のなかにある

図３－１　田園都市ヘレラウの一風景（筆者撮影、2009年10月）

が、そこに建てられたほとんどの住居の敷地には小さな庭が設えられており、彩り鮮やかな木々や花々が散策者の目を楽しませてくれる。庭園付きの住居が建ち並ぶ小道を歩いてヘレラウの中心部へ移動すると、そこにはマルクト（中央広場）があり、郵便局、レストラン、またさまざまな店舗などが軒を連ねている。マルクトからさらに別の小道を選んで進んでいくと、同じように緑に囲まれた家々が私たちを待ち受けている。どこからか小鳥のさえずりが聞こえてくる。二時間ほど散策すれば、この一三〇ヘクタールほどの村の見所をさしあたり一通り巡ることができるだろう。

田園都市ヘレラウは、まるで古くから存在した牧歌的な村落が近代化の荒波にも耐えてそのままの姿を維持しているかのような印象を抱かせるのだが、実際はそうではない。二〇世紀初頭まで、現在ヘレラウがある場所はほとんど家屋が建てられていない状態であった。そこには、ただ林に囲まれた丘陵地が広がっていた。田園都市設立の志を共有する人びとによって、レーニッツという村とクロッチェという村の自然地帯が買い取られ、開拓されて、新しい村落がそこにつくられたのである。ゆっくりと時間をかけて生起した伝統的な集落であればその中央部にあるはずの教会が、ヘレラウには存在しない。特定の宗教に依拠することのない理想の共同体を目指した空間的デザインがこの村落の具体に反映しているのである。そうしたことも、ヘレラウがきわめて意図的かつ計画的につくられたことを物語っている。

ヘレラウが建設された二〇世紀初頭には、多くの都市部で急激に人口が増加したことで、人間的な生活が脅かされるのではないかという危機感が煽り立てられた（第一章および第二章を参照）。田園都市は、こうした「大都市」批判を重要な背景として構想された。ヘレラウ。それは、真の故郷ではない。むしろ、「大都市」時代に生じた故郷喪失感を土台にしてつくりだされたいわば模造の故郷である。ヘレラウに感じられる郷愁は、人工的な構造物によって、すなわちアーキテクチャによって誘発されるといっても過言ではない。

二〇世紀に出現したこの創造の故郷が当時の「大都市」批判にもとづいて正当化されていたことを、また自然環境を重視していたことを強調するならば、それは「反都市」的であると、とりあえずは形容することができるかもしれない。だが、すでに「田園都市」という名称が示唆しているとおり、それは完全に都市の対極に位置づけられるというわけでもないだろう。建築が織りなす人工的な構造物を都市と呼ぶならば、ヘレラウは都市の一バリエーションなのである。ヘレラウの建設に携わった重要な建築家の一人であるテッセノウ（Tessenow, H.）に典型的にみられるように、田

図3-2　ドレスデン風景（筆者撮影、2009年10月）

園都市は、「大都市」と「小都市」とを区別したうえで、前者を批判しつつ後者を称揚するという正当化の論理の上に築かれていた（Tessenow 1919）。しかも、「大都市」も完全に否定されていたわけではなかった。田園都市を標榜する者たちは、「大都市」を批判すると同時に、「大都市」の出現を近代の運命として受け止め、それとの関係性のなかでよりよき生の空間を構想しようとした。そのような意味において、田園都市は明らかに「反都市」的ではない。

ヘレラウに即していえば、この田園都市から路面電車で二〇分ほど南に向かったところにドレスデンがある（図3-2）。一八九〇年に二七万人程度であったドレスデンの人口は、一九一〇年には五五万人に手が届かんとしていた（Kocka/Ritter 1978：45）。つまり、ドレスデンは、一九・二〇世紀転換期の二〇年間のうちにその人口をほぼ倍増させており、そのことによって当時における「大都市」としての規模を十分に備えていったといえる。ヘレラウは、このドレスデンから適度な距離を取った新たなタイプの都市、つまり都市ならざるものを欲望しつつそれを自らのうちに取り込もうとした都市であった。

よく知られるとおり、そもそも「田園都市（英 gardencity, 独 Gartenstadt）」とは、一九世紀後半における急激な工業化および都市化にともなう生活環境の悪化を背景として、イギリスのハワード（Haward, E.）が「都市と田園の結婚」をスローガンとして用いながら発展させた新たな都市計画の一バリエーションである（東 2001, 山名 2006）。都市論の古典的権威ともいえるマンフォード（Mumford, L.）によれば、田園都市の最も大きな特徴は、第一に土地が個人に分割されず開発に当たる組織によって保有されること、第二に共同体に属する人びと全員のためになるような土地利用を可能にすることを目的として空間的規模の規制と人口の制限が行われること、第三に空間の調和的な機能的分化が計画されていることにある（マンフォード 1974 : 394ff.）。この定義を緩やかに共有する数々の田園都市のなかでも、ヘレラウは、人間のよりよい生（生活）を取り戻すという方針を最も鮮明に打ち出していたといっても過言ではない。ハワードは、ヘレラウについて、田園都市の本質をイギリスに学びながらも独自の道を歩もうとしている優れた空間実験であるとして、賛辞を送ったという（N.N. 1912 : 176）。

人工物としての都市を批判したうえで創られる都市。そのような田園都市の在り方は、世界を再帰的に構築していく今日の社会状況の基本原理を、空間の次元において目にみえるかたちで示してくれているようにも思われる。とはいえ、田園都市の基本原理とは何なのかをさらに突き詰めて論じようとすると、最初は目に止まることのなかったこの空間実験の不思議さに誰しも気づくのではないだろうか。また、その不思議さは、後でみるように、人間形成や教育というテーマとも密接にかかわっているという点において、私たちにとっても興味深い。

2　文化批判における「リエントリー」の形式

1　「自然」を文化に取り込む文化

都市は都市ならざるものを発見し、それを都市のうちに飲み込んでいく。田園都市が備えたそのような性質は、システム理論を基盤として批評活動を続けるボルツ（Bolz, N.）が文化批判を批判するなかで用いた「リエントリー」というキーワードを思い起こさせる。彼によれば（Bolz 1997 : 211ff. = 邦訳 248ff.）、ドイツでは、一九世紀以来、哲学の領域において文化の問題が過剰に深刻なものとして論じられてきたという。そのような文化批判の代表者として、「文化という悲劇」について語ったジンメル（Simmel, G.）らが挙げられている。ボルツにいわせれば、こうした文化の問題の「深刻化（Dramatisierung 劇化、脚色）」は、生や人生の意味を過剰に求める近代の病理である。そのような文化批判を批判的に論じることこそが重要である、と彼は主張している。ところで、文化批判を批判するとは、いったいどういうことだろうか。

文化は「人間が自然のままでありえないところを埋め合わせてくれる」（Bolz 1997 : 215 = 邦訳

252f.）とボルツはいう。文化とは、一方において、「まずは人間を人間自身から守る仕掛けであり、人間にとって狼にほかならない（内部的な）自然のままの人間を飼い慣らすこと」であり、他方において、「人間が適応できない（外部の）自然からも人間を守る」。文化は、「保護機能」を有しているというのである。ところが、文化は、保護する役割を果たすがゆえに、私たちから「恐怖を除いてくれるが、もはや驚嘆すべきものを与えてくれない」。そこで、文化批判が登場し、「本物・純粋・自己実現・自然に還れ・本質的なこと」など、近代世界の不確定性に照準を合わせた論争的な対抗概念を用いることによって、「素朴かつ真正の反対世界の幻を呼び出す」ようになる。文化は、「オーラの喪失を自己批判によって埋め合わせる」（Bolz 1997：216＝邦訳 254）とボルツは考えている。

以上のような見立てにもとづいてボルツが提案しているのは、文化のそうした「埋め合わせ（補償 Kompensation）」状況のなかに埋没するだけでなく、そのような状況から距離を取り、いわば第二次的な観察を行うということである[3]。そのときにみえてくるものは、文化における「リエントリー（内部化 re-entry）」の思考形式であるという[4]。文化は、文化から区別されたものと自らとの二項図式的な関係を、文化の内部に取り込む。文化から区別されたものとは、たとえば「自然」であり、「本質的」なものである。このような考え方によれば、「自然」とは素朴に文化の対極に位置している何ものかではない。そうではなく、近代化の過程において、「文化システムは自己の環境との区別を自己の内部でもう一度繰り返すのであって、これによって『自然』が生まれる」（Bolz 1997：

217＝邦訳 262）という逆説的な見方がなされるのである。「自然とは文化の文化的アンチテーゼ」であるという彼の表現は、以上のようなボルツの「自然」観を濃縮しているといえるだろう。(5)

ボルツによる文化批判の理解は、多様な思想を文化批判の名の下に図式的に整理しすぎている観はあるものの、さしあたり以下のように読み換えてみると、田園都市とは何であるかを捉えるための一つの説明様式を与えてくれるように思われる。近代都市は、「人間が自然のままではありえないところを埋め合わせてくれる」文化としての側面を有しており、そこに住まう人びとに対する「保護機能」を基本的に備えている。だが、そのような保護状態によって生じる「オーラの喪失を自己批判によって埋め合わせる」ために都市批判が生じ、そこから締め出されたとされる「自然」への希求心を高めることになる。そして、近代都市において失われた（と想定される）理想的な生〈生活〉の空間が「素朴かつ真正の反対世界の幻」として想起され、それにもとづいて都市の保護構造が変形される、と。

文化批判の第二次的な観察を試みようとするボルツの立場からすれば、そのような都市改革の形式は、まさに「リエントリー」と呼ばれるべきものとみなされるであろう。都市という近代的なシステムとその外部が区別され、その区別がそのシステム内に再参入される。都市という近代的なシステムの外部として想定されるのは、「文化の文化的アンチテーゼ」としての「自然」や「本物」、また当事の人びとが好んで用いた語を追加していえば、「郷土」や「共同体」などである。〈文化／自然〉図式が文化のうちに「リエントリー」されることによって、文化の発展・分化がさらに進行することになる。以上のような説明様式にもとづいていえば、田園都市は、そのような近代における「埋め合わせ」にともなって生じる「リエントリー」の形式の産物に他ならない(6)。

2 「自由空間」の創出

文化批判にもとづく「リエントリー」形式をめぐるボルツの考察は、田園都市とは何かを論じるための足がかりとなるだけではなく、その前史を辿るための視角をも開いてくれる。都市によって締め出されたとみなされた「自然」的要素を都市のうちに取り込む形式を備えた空間の実践は、田園都市によって初めて試みられるようになったわけではない。余暇空間や遊び場のように特定の機能に割り当てられない空間が、都市化によって危機に陥った。そのような時代診断にもとづいて「自然」的要素を近代空間に取り戻そうとする試みは、それ以前の時代にもみられた。重要と考えられるのは、そうした試みの多くが緑地化をともなっており、また人間形成や教育との関連において展開していたということである。

ドイツにおける公共の余暇空間や遊び場の歴史について検討を行った数少ない人物の一人であるリムバッハ（Rimbach 2009, Rimbach 2009/2010）によれば、そのような「自由空間（Freiraum）」が本格的に形成され始めたのは、一九世紀後半であったという。その際に中核的な位置を占めていたのは、子どもの遊び場であった。彼は、一八二九年に王宮専門の庭園師のテルシェク（Terschek, C. A.）の構想にもとづいてドレスデンの河川敷につくられた子どもの遊び場がその先駆的な試みであったとしつつ、けれども一八五〇年頃までに確認される子どもの公共的な遊び場はこの事例のみであったと指摘している。一九世紀の後半になって、庭園師のみならず、医師や教育者などが関与するようになって、都市化の問題とのかかわりのなかで子どもの遊び場が少しずつ増えていった。「自由空間」創出の動向において画期をなしたとされるのは、シュレーバー運動である。シュレーバー（Schreber, D.G.M.）は一九世紀半ばを中心に活動した教育学者であり、また医師であった。彼は子どもたちの遊び場の提唱者ではあったが、彼自身が遊び場をつくることはなかった。一八六四年、教育者のハウシルト（Hauschild, E. I.）は、彼の友人であったシュレーバーの発想を受けて、ライプツィッヒに教育協会を創設し、その三年前に死去したシュレーバーの名を同協会に冠した。ハウシルトは、ライプツィッヒ西部郊外の子どもたちが都市中心部の子どもたちと同様に不快で危険な舗道やじめじめとした小さな裏庭で遊ばざるをえない状況にあると嘆いていたという（Mangner 1884 : 36）。こうした危機診断をもとにして、最初の「シュレーバー場」が一八六五年につくられ、「子ども菜園」構想をもとにして、一八六九年に「家庭菜園」が増設された。これがモデルとなって、シュレーバー庭園と呼ばれるようになる小屋つきの小庭園が発展していった。二〇世紀初頭までドイツにおける多くの都市でシュレーバー協会が設立されたが、以上のような経緯により、シュレーバー施設には――一九二〇年頃まではつねに――子どもの遊び場と小庭園が付設されていた。(7) 居住地から少し離れた場所にある賃貸制の園芸用地――いわゆるクラインガルテン――がシュレーバー協会設立以前になかったわけではない。だが、同協会をとおして、クラインガルテンは、人間形成の論理を携えた都市批判にもとづく空間改革の象徴となった。このシュレーバー協会をとおして、またそれ以外の組織をとおして、小屋付の小庭園が一八七〇年代以降から次第に増えていった(8)。

シュレーバー庭園に関連する施設や組織だけではない。一八七〇年代になると、公共の福祉や健康への配慮のために、地域ごとに遊びに関する多くの協会ができるようになった。そうした協会が中心となって、公共の子どもの遊び場の必要性が強調され、また遊び場が徐々に設置された。一八九〇年代には、「ドイツ民衆・少年少女遊戯推進中央委員会」が設立され、遊び活動を国家が推進するようになっていった。一八九〇年から一九〇〇年までの一〇年間で、公共の遊び場はほぼ二倍になっている。五〇〇〇人以上が住む八〇四地区を対象とした当時のアンケート調査によれば（うち六一五地区、七四・六パーセントが回答）、一八九〇年に遊び場は一一六六箇所あったが、一九〇〇年には二〇九二箇所に増加していた（Bergemann 1900: 380f.）(9)。

都市空間との関連における「自由空間」の拡大とともに、そのような空間にかかわる人びとに対する新たな名称が生み出されていったことは興味深い。自然の木々や花々に対する造形作業を行う庭師（Gärtner）に端を発し、やがて一九世紀後半には造園芸術家（Gartenkünstler）という名称がみられるようになり(10)、二〇世紀に入ると、世紀転換期に注目を浴びたミッゲ（Migge, L.）が自らをそう呼んでいたように、造園アーキテクト（Gartenarchitekt）という表現が登場した。都市のアーキテクチャとデザインにかかわる専門家としての位置が、その名称に直接的に反映するようになったのである。このことは、緑化という一見したところの「反都市的」な相貌とは裏腹に、「自由空間」が「都市的」な問題構制のうちに組み込まれていったことを雄弁に物語っている。

すでに穂鷹知美が的確に洞察しているとおり、以上で述べたようなドイツにおける「自由空間」の創出は、造園局の発展、市民公園の形成、シュレーバー庭園に代表されるクラインガルテンの普及、園芸の推奨、鉢植え教育や学校花壇の推進など、さまざまな局面と拡がりをもって展開していったとされる（穂高 2004：84ff.）。田園都市は、そうした動向が一九・二〇世紀転換期に到達した水準を明確に示すものとして位置づけられ、それ以降の緑化推進の重要な都市計画モデルとみなされるようになった（ユーケッター 2014：28f.）。

3　「自由空間」の亀裂

1　反曲線の建築

田園都市が〈文化／自然〉図式を再参入する文化の系譜のうちに位置づけられるという理解は、本章の冒頭で示したようなヘレラウ散策の印象とも合致する。だが、観察をそこまでにとどめてしまうと、ドイツを代表するこの田園都市における「自由空間」の半面を見落とす可能性がある。

より注意深いまなざしをもってヘレラウの散策を続けてみよう。マルクト広場から北西へと向か

図3－3　ヘレラウの祝祭劇場（筆者撮影、2009年10月）

う道を選択して進んでいくと、やがてこの小さな村落にはおおよそ似つかわしくない巨大な建造物が、突如として樹木のカーテンの向こうに出現する。祝祭劇場と名づけられた施設である（**図3－3**）。古代ギリシャの荘厳な建造物を彷彿とさせるその外観は、田園都市内における他の建築と比較したときの突出した大きさも相俟って、散策者に畏怖をも感じさせるかもしれない。装飾をできるだけ排除し、縦のストライプを重視して対称性を前面に押し出し、幾何学的な形式の組み合わせによる透徹した事物の法則性を感じさせるその相貌は、牧歌的な雰囲気を醸し出すかのような家並みが目立つこの集落でひときわ異彩を放っているといえる。だが、祝祭劇場に衝撃を受けた後にヘレラウにある家々をあらためて観察してみると、それと同様の性質を帯びた数軒の家屋――正確には六軒の列状住宅と二軒の角屋敷――が建てられていることに気づかされる。緑に覆われた古きよき故郷の創出という印象からはほど遠いモダニズムの建築が、そこに埋め込まれているのである。

祝祭劇場およびそれと同様の性質を共有する家屋群は、テッセノウという建築家の手によるものであった。のちにバウハウスにおいて結実をみるような、時代の新しい美の傾向を含む彼の作品は、ヘレラウ全体のアーキテクチャにおいて最も論争的なものとなった。テッセノウのヘレラウ建築は、同時代の建築批評家シェフラー（Scheffler, K.）によって「殺風景と呼べるほどザッハリヒで、純粋主義といいうるほどに簡明だが……正しいプロポーションが含まれて」（Scheffler 1912：343）いると評価され、またモダニズムの旗手とされるヴァルター・グロピウス（Gropius, W.）やル・コルビュジエ（Le Corbusier）らによっても賞賛された。その一方で、ヘレラウの空間構成について総指揮を任されていた建築家リーマーシュミット（Riemerschmid, R.）やヘレラウ計画全体の責任者であった企業家シュミット（Schmidt, K.）をはじめとして、テッセノウの建築に大きな違和感を抱く者も少なくなかった。田園都市ヘレラウには、ドイツで生じていた近代様式をめぐる議論の分界線がみられる。そのようにル・コルビュジエが指摘するとき、彼が意識していたのは、明らかにテッセノウの建築物とそれ以外の建築物の間に引かれたみえざる境界線であった(11)。

リーマーシュミットがヘレラウの空間構成において――田園都市全体の道路構造にしても、また個々の建築物においても――重視していたのは、生命性を象徴する曲線であった。それは、同時代の様式として受け容れられたユーゲントシュティルの一大特徴でもあった。幾何学的なフォルムを基調とするテッセノウのヘレラウ建築は、この点において、リーマーシュミットの対極に位置していた。とはいえ、そのことは、テッセノウが生命や生という要素をなおざりにしたということを、必ずしも意味していなかった。むしろ、彼の建築もまた、文化批判にもとづいて文化の外部へと追いやられた要素を再び文化のうちに取り込んでいく仕組みとしての側面を有していた。ただし、リーマーシュミットの建築が自然環境や曲線の重視という、一目瞭然の文化批判的な戦略を採用していたのに対して、テッセノウの建築に体現された戦略は、以下で述べるとおり、誰の目にもわかりやすいという性質のものではなかった。

2 リズムの空間

ヘレラウの建設を強力に推進したイデオローグであったドールン（Dohrn, W.）は、テッセノウの建築を賞賛した人物の一人であった。文化の外部へと追いやられたいかなる要素をテッセノウの建築は取り戻そうとしたのか。また、その戦略はどのようなものであったのか。何よりもドールンの証言に、そのような問いに対する回答を見出すことができる。彼によれば、この田園都市は近代化によって失われたリズムを回復する人間形成の空間でなければならなかった。どういうことだろうか。

一九世紀末、リズム概念は、生きた人間特有の現象を言い表すための時代のキーワードとなっていた。大学時代に経済学を専攻していたドールンは、一九・二〇世紀転換期におけるそうしたいわばリズム・ブームの火付け役となった著作の一つである経済学者ビューヒャー（Bücher, K.）の『労働とリズム』（一八九六年）を参照しつつ、リズムが田園都市にとっていかに重要であるかを説いた。彼の思索は、人類の原始段階には労働、遊び、芸術が分断されていない状態があった、という仮定から出発していた。彼によれば、リズムがどの活動にも存在し、他の活動との結びつきを生じさせ、それゆえに人びとに喜びを与えていた。そうした考え方にもとづいて、ドールンは、リズムが労働を効率化させると同時に創造性を生み出し、また「人間をひとつの機構に統合」(Dohrn 1911 : 8) して共同体の実現を可能にするということを強調した。つまり、こういうことだ。リズムは、近代文化の発展とともに人間生活のうちから排除され、文化の外部となった。それを再び文化のなかに取り込むことによって、文化は改善される、というわけだ。

リズムが人間形成し、そして共同体を生起させる。ドールンの思考において、そのような発想と容易に接続していったのが、同時代のジャック・ダルクローズ (Jaques-Dalcroze, E.) のリズム論であった。彼の「アリュトミー」という言葉を用いつつ、ドールンは次のように述べている。

「リズムは、もともと労働の同伴者として、遊びや祝祭の統御者として、人類のこれまでの発展を支える活発な力であり続けてきた。だが、経済的発展は頭脳労働と手作業とを最終的に分離してしまい、手作業は次第に機械労働に取って代わられ、それによって、初めてリズムはその圧倒的な地位を失うに至った。そうして初めて、労働と生活のなかにあったリズムが喪失していったのだと考えられる。私たちは脱リズム化されている。……かつて、日常生活や労働はリズム形式を有していたが、今日ではもはやそうではない。このリズム形式にとって、ダルクローズがいう

アリュトミーが非常に重大な結果を招いているのである」(Dohrn 1911 : 5)

「アリュトミー」とは、元来は医学用語であり、不整脈など身体に関するリズムの障害を表す言葉であったが、ジャック・ダルクローズはその意味を拡張して、適切な律動で身体運動を行うことができない状態を表現するために、この語を用いていた。彼によれば、近代人が患う広義の「アリュトミー」は、彼が創案したリトミックなどのような教育的働きかけによって克服ができると考えた。ドールンは、こうしたジャック＝ダルクローズの考え方を田園都市の理念に接続し、彼のリトミック実践が「音楽家、教育者、あるいは新たな方法を編み出すいかなる専門家たちの限定された作用領域をも超え出て」(Dohrn 1911 : 5) 効力を発し、「リトミックが人間の力と喜びの源泉」(Dohrn 1911 : 4) になることを期待した。そして、田園都市空間のなかに近代人が喪失したリズムを取り戻すための施設を組み込んで、そこを中心とした人間形成の場を創造することをもくろんだのである。祝祭劇場は、彼のそうした構想に沿って設立されたリトミックの教育施設であり、また同時に劇場でもあった。

装飾を可能なかぎり削ぎ落して簡潔な形式を際立たせるという特徴は、祝祭劇場の外観だけではなく、その内部構造にも当てはまる。というよりも、まずは内部構造の方が先に構想されていた。祝祭劇場の内部、とりわけその舞台構造は、ジャック＝ダルクローズのよき理解者であり、協力者でもあったアッピア (Appia, A.) という人物によって提案されたものである。一九〇九年春、彼は

「リトミック・スペース」と呼ばれる二〇枚のスケッチを描いた。リズムに躍動する身体が水平にも垂直にも移動することが可能となるような、また視覚的にもそうしたリズムの全体を捉えられるような空間を創出するために、アッピアは、写実主義的な舞台芸術から余分な装飾を排した舞台芸術への転換を要求した。〈描かれた場面〉によって舞台を構成する代わりに、屋台、傾斜面、階段、柱、幕、壁など、それ自体はとくに意味をもたない部材によって舞台を抽象的に組み上げ、躍動する身体をこそ主役にするような仕掛けとしての空間構成を生み出そうとしたのである。

祝祭劇場における建築全体の構造と外観は、そのような身体運動によるリズムの復権を実現するために設えられる内部空間の特徴を反映させたものであった。リーマーシュミットが祝祭劇場の外観を批判していたことはすでに述べたが、その内部空間とそこで展開される舞台芸術のパフォーマンスも彼には理解しがたいものであった。建築の事物性を強調することによって人間の身体運動とリズムを主役とするという発想から、彼は遠く隔たっていたのである。

4　文化批判が文化を生み出す

1　「文化の悲劇」

すでにみたように、ボルツは、文化の問題を「深刻化」して生の意味を過剰に求めていたとしてジンメルのような人物を批判した。そして文化批判の嘆きから距離を取り、そうした思考に内在する形式に注目することで、当時の現象を別の角度から、言い換えれば「自然」や「本質」を実体としてではなく、文化批判者たちが創出したフィクションとみなしたうえで、そのフィクションがいかに機能したかを理解しようと試みた。そのようなボルツの問題視角を借り受けながら、当時の文化批判と密接に結びつく改革プロジェクトとしての田園都市へレラウに焦点を当ててみた。そこでまず確認されたのは、文化の外部へと追いやられたかにみえる要素を再び文化のうちに取り戻すというねらいが、関係者の間で共有されていたことである。だが、同時に浮き彫りとなったのは、そのための手法は必ずしも一致していたわけではなかったという事実である。ヘレラウでは、一方において曲線が重視される傾向がみられたが、他方において直線が基調となる建築がそこに建てられていた。文化批判を備えているとボルツが述べた「リエントリー」の形式を念頭に置きながら田園都市へレラウの空間を観察して浮かび上がってきたのは、そのような文化批判が新たな文化を生み出す際に生じる亀裂とも多様性とも呼ぶべき性質であった(12)。

それにしても、あらためて気にかかるのは、当時の人びとがいったいどのような文化観を有していたか、ということである。この理解を抜きにしては、彼らの思考と行動を特徴づける文化批判がいったい何であったのか、という問題に接近することはむずかしいだろう。私たちは、ボルツが提起した「リエントリー」形式の観察によって、文化批判にもとづく改革運動の輪郭を把握した。今や、彼が議論の際に括弧に入れてあえて突き詰めて問うことのなかった同時代の〈文化／文化批判〉に関する意味世界がいかなるものであったのかを眺めてみる必要があるだろう。一九・二〇世紀転換期における文化の意味世界の代弁者として、あらためてヘレラウ建設のような出来事が生じた時代の思想家ジンメルに立ち戻ってみたい。先述のとおり、ジンメルは文化問題の「深刻化」をもたらした思想家として、ボルツによって批判された人物でもある。だが、当時の状況が文化の崩壊危機とみなされ、もっぱら嘆かれていたというのはほんとうなのだろうか。この点を追究していくと、ボルツがいわば平板化して用いた文化概念の向こう側に、いったいどのような奥行きがあったのかということを、私たちは知ることになるのではないだろうか。

ドイツ哲学の伝統を継承しているジンメルにとって、文化はまずは何よりも価値概念であった。しばしば指摘されることであるが、一九世紀、とりわけフランス革命やナポレオンによるドイツ侵攻などの影響下において、外面的な性質を帯びる「文明（Zivilisation）」との対比によって人間の内面とのつながりを有する「文化（Kultur）」こそが価値あるものだという見方が、ドイツ語圏における意味世界に刻印されるようになった。ジンメルもまた、そのような伝統にもとづいて、文化をとりわけ精神文化とみなしており、また価値あるものとみなしていた。彼にとっての文化とは、今日において一般にそう捉えられているように、ある集団に共有されているとみなされる生活様式、ハビトゥス、制度の総体というよりも、まずは「客観的精神」として生み出される芸術、科学、宗教、法、技術、習俗および社会的規範のような精神財のことを指していた。

このことと関連して見逃されてはならないもう一つの点は、文化が人間形成と密接に結びついて理解されていたということである。文化は、語源をさかのぼれば耕作することを意味していたが、次第に自らの心を耕すということをも含意するようになった。その延長線上にドイツ語圏における価値概念としての文化が誕生した。文化は何よりも精神の発展に人間の知と能力が貢献する何ものかでなければならなかった。ジンメル自身の言葉を用いていえば、「文化とは、なんらかの意味で主観の外部にある超個人的なものの受容ないし利用によってのみ遂行可能な、あの個人的完成の様式」（GSG14：395＝邦訳 264）として把握された。[13]

理想とされていたのは、主体と客体との対立が克服された状態であった。文化とは、そのための営みであり、またその成果として想念された。彼によれば、文化の定式は、「主観的で心的なエネルギーが創造的な生過程から、いったん成立したのちは独立する客観的な形態を獲得し、ついでこの形態がふたたび主観的な生過程のなかへ、その過程の担い手を彼の中心的存在の非の打ちどころのない完成へ導く方法によって引き入れられる」（GSG14：405＝邦訳 275）ことのうちにある。別の箇所では、「客観的精神」が「主観的精神」の意識から生み出された後に独立していくと同時に「再主観化」（GSG14：408＝邦訳 278）の道を辿るのだと、ジンメルは表現している。そのような「主観的精神」と「客観的精神」との力動的な関係性は、「人間形成（Bildung）」概念によって意味される個人と環境との肯定的な循環関係に包含されるものでもあった。

そのような「主観から客観を通って主観にいたる流れ」（GSG：405＝邦訳 275）は、とはいえあくまでも理念的に想定されたものである。実際には主体がそれに従って発展する内的な論理は、客体が従う内的論理と必ずしも一致するわけではない、とジンメルは考えた。彼によれば、外的精神として客体と化した文化が「創造されるやそれらがどのような個別的な形成物へと発展してゆくかということを、われわれはもはや意のままにすることはできなくなる」（GSG14：402＝邦訳 272f.）のであり、その必然性は「ザッハリヒ」（GSG14：402＝邦訳 273）な、つまり即物的なものである。「われわれの作品は、存立するやいなや、われわれから断絶した客観的実在と固有の生をもつばかりでなく、この存在のなかに――客観的精神の恩寵によってのように――われわれに由来するのではない、そしてしばしばわれわれ自身を驚かすような、強所と弱点、成文と意味を含む」（GSG14：＝邦訳 278）というのである。

文化が目指す主客の融合に亀裂が生じる。しかも、その原因は、文化に敵対する要素が文化を攻撃するというような類のものではなく、文化そのものが有する基本的な性質のうちにある。文化の「本質に向けられた破壊的な力がほかならぬこの本質自体の最深の層から発生している」（GSG14：411＝邦訳 282）とジンメルが述べるとき、強調されているのはそのことに他ならない。そして、「文化の悲劇」が語られるようになる。「自己完成の前提条件をなしている精神自体によって創造された世界の固有法則のなかで、加速度をもって、かつしだいに距離を拡げながら、文化の内容を文化の目標から逸脱させてゆく論理と動力学が生み出される」（GSG14：415f.＝邦訳 287）という「悲劇的な巡り合わせ」が、文化に宿命づけられている、というわけだ。

ジンメルが観察した文化の危機は、同時に人間形成の危機でもある。「客体はその発展の固有の論理……をもっていて、その論理の帰結において、人間的な魂の個人的発展に適合できる方向から逸れてしまう」（GSG14：410＝邦訳 281）という彼の言明は、そのことを端的に示している。彼は、また次のようにも述べている。客観的な文化の発展は「主観の力を消費し、さらには絶えず主観をそのような発展の方へと引き剝がし、そのために主観をその本来の高みへ導くことがない」（GSG14：411＝邦訳 282）と。そのようにして「主観の発展は袋小路のなかを、あるいはもっとも内的でもっとも固有な生が空虚と化したなかをさまようのである」（GSG14：411＝邦訳 282）。

2　文化としての都市

文化が自らの論理にしたがって、文化を、そして人間形成を脅かす。そのような危機診断にもとづいて「文化の悲劇」について語ったジンメルは、あきらかに近代の行方に関する楽観主義者ではなかった。とはいえ、しばしばそう理解されているように――ボルツの見解もそこに含まれるのだが――近代社会が事物の論理にしたがってますます人間の生から乖離すると嘆息をもらしてばかりの悲観主義者であったかどうかは疑わしい。この点について、ジンメル自身はけっして能弁ではなかった。だが、「文化の悲劇」論を補完する彼の思想は、一見したところそれとは別のところに埋もれているように思われる。他でもなく彼の都市論がそれに当たる。

ジンメルは、都市を文化の一部とみなしていた。都市とは、オーケストラと同様に、「多数の人びとの協同によって作成された対象」（GSG14：405＝邦訳 275）である。ただし、オーケストラの場合には「対象の統一が個人［＝指揮者］の統一的かつ思想的な意図に帰着する」（GSG14：405＝邦訳275、［　］内は筆者による補足）が、都市の場合はそうではない。彼によれば「異なった人びとの活動によって文化的客観が生まれるが、それは全体的なものとしては、現にありかつ特殊に活動する統一としては如何なる制作者ももたず、その統一に照応する心的主観の統一から現れたものではない」（GSG14：406＝邦訳276）。その典型とみなされるのが都市という文化である。都市は、「前もって立てられた計画によってではなく、個々人の偶然的な必要と嗜好によって建設され」（GSG14：405＝邦訳276）るが、「いまや全体として意味に富んでおり、あきらかにまとまりがあり、有機的に結合されている形成物」（GSG14：405＝邦訳276）となる。

　都市は全体として意味に富む有機的な形成物であるとジンメルが述べるとき、彼の念頭に置かれていたのは、ローマのような都市であったにちがいない。すでに第一章において確認したとおり、ローマは多彩な要素によって成り立っているにもかかわらず、「客体の構造と主体の構造との、まことに注目すべき出会い」（GSG5：310＝邦訳43）が、つまり文化の理想として思い描かれていた幸運な主客の融合がみられるのだと、ジンメルは主張した。彼によれば、このことは、人間形成にとっても有意義な結果をもたらすことになる。自己の人格の頂点に達したと感じさせるほどの「内部の法外に昂揚した自己活動」（GSG5：308f.＝邦訳40f.）を生起させることになるからだ、というのである。

　ただし、ジンメルがローマに見出したような肯定的な都市イメージに対する見解は、彼の都市論のすべてに行きわたっているわけではない。彼が「大都市」ベルリンについて、またそこから遠く離れてはいるが「大都市」のいわば神経組織のような交通網が伸びゆくアルプス地方について論じたとき、議論の前面に押し出されていたのは、むしろ事物の法則に支配される文化の「悲劇的な巡り合わせ」の方であり、またそれと密接にかかわる人間形成の危機であった。近代の都市に関する彼の論調には、希望よりもそのような不安の方が強く感じられる。

ベルリンやアルプス地方の交通網に対する批判については第一章で詳しく論じたのでここでは繰り返すことは避けたいが、それでも強調しておくべきは、都市とそこに住む人びとが事物の論理にしたがって「純粋なザッハリヒカイト」に支配されていく傾向にも両義性があると、彼がみなしていたということだ。彼が目指していたのは、「大都市」の功罪を断じるような「裁判官の態度」(GSG7 : 131 = 邦訳 285) ではなく、その両義性を徹底的に観察することであった。「ザッハリヒカイト」が優越する「大都市」では、個人が伝統的な共同体から切り離されて孤立の度合いを高めてしまう危険が生じる。だが、その一方において、「大都市」は、そのような共同体から個人を解放すると同時に、人間関係のより大きな連鎖のなかで大規模かつ予測可能な社会活動の可能性を開くための前提をなすものでもあった。ジンメルは、近代の文化を手放しに肯定していたわけではないが、だからといってそうした文化に絶望してもいなかった。

ジンメルの都市論を以上のように広角度で捉えてみると、彼の思想は文化批判であるのみならず、文化批判の批判をも携えていた、といえるのではないだろうか。たしかに彼は、文化そのものの力学によって私たちの生が文化の外部に締め出されることを警戒していた。その点において、彼の思想は、あきらかに文化批判的である。だが、彼は文化の外部を安易に志向することはなく、また文化に対する拒絶の態度を示すことはなかった。彼が予示していたのは、むしろ「文化の悲劇」にもかかわらず、それと折り合いをつけるために絶えず主観へと回帰する人間の運命であったといえるのではないだろうか。「文化諸内容は結局おのれの文化目標から独立しかつその文化目標からしだいに遠くへ離脱してゆく論理に従い、しかも主観の道は質的かつ量的に不適当なものとなったこれらの文化諸内容と絶縁することを免除されていない」（GSG14：415＝2004：286）と彼はいう。文化の発展を促す事物の論理には「強所」があると彼が述べていたことを、見逃さないでおこう。ジンメルが予見し、また私たちを誘っているようにみえるのは、主観と客観との、到達することがないがゆえに絶えることのない融合への循環である。それは、ボルツが「リエントリー」の形式として抽出したものとおそらく別物ではない。だが、ジンメルはこれを別の質感をもって、つまり主体への回帰が有する力動性を強調するかたちで、主張していたのではないだろうか。

ジンメルが近代の文化をそのように診断した二〇世紀初頭に、田園都市へレラウは建設された。主観的精神が生み出した客観的精神としての都市が人間の生と乖離していくという「文化の悲劇」を予感しつつも、その事態を再び主観的精神に投げ返すことを宿命として受け止めたジンメルは、この田園都市をどのように感じたのだろうか。主体と客体との絶えざる循環のなかで立ち現れた新たな都市としてそれを評価したのだろうか。自然環境重視の空間構成は彼の目にはどのように映ったか。一見したところそれと対極をなしていた、事物の論理に従うような祝祭劇場が人間の生を解放するという構想は、彼には受け容れられるものであったかどうか。管見のかぎり、ジンメルが田園都市ヘレラウについて言及した形跡は、残念ながら見当たらない。

5　エピソード――二一世紀のヘレラウ

二〇〇九年、田園都市ヘレラウは、創設一〇〇周年を迎えた。それを機会に「生活改革のビジョン――ヘレラウ100plus」という研究大会が企画され、同年九月一一日から一三日の三日間にわたって開催された(14)。報告者は、建築学、教育学、哲学、歴史学、芸術、企業経営業など多様な専門領域から集められた。私も報告者の一人として参加した。シンポジウムやワークショップのほか、ヘレラウの見学などが催された。祝祭劇場では、かつてここでリトミックの指導を受けたことがあるという女性が、即興で演舞を披露してくれた。

最も印象深く思われたのは、講演とパフォーマンスを組み合わせた「運動－空間－建築――相互的バーチャル環境における肉体の復活」という催し物であった。トランス・メディア・アカデミーという組織をまとめるクラウス・ニコライ（著作家、メディア芸術制作者、イベント企画者）が、現代社会の特徴を概観したうえで今日の芸術のあり方について論じた後、テクノロジーによってもたらされた新たなメディア環境が私たちの身体に解放をもたらす可能性を有していると主張した。その後、照明が落とされたかと思うと、フロアーにさまざまな色を帯びた光の模様が映し出され、その上をヒョウ柄のウエットスーツのような衣装を身にまとった女性が野生の動物さながらの表情と動作で演舞した。女性の動きに合わせて光の模様と音響が自動的に変化し、またそのように変化した環境が身体の動きを左右するといった、双方向の力動性が生み出された。

テクノロジーを重視するこのパフォーマンスがヘレラウの伝統のうえに位置づけられていることに対して、最初は違和感を拭うことができなかった。なぜなら、田園都市のコンセプトは基本的に「自然」志向であると、私は素朴に感じていたからだ。だが、すでに本章において詳しく論じたように、「自然」と「人工」とを対置させて、どちらか一方を価値づけるという発想自体が単純に過ぎるということに思い至る。祝祭劇場の構想において典型的にみられるように、徹底して「人工」的な環境を先鋭化させることによって逆説的に「自然」性を高めるといった演出の創造もある。そのように考えれば、テクノロジー的環境と身体とを結びつけようとしたニコライの試みがヘレラウの伝統の延長線上に位置づけられたとしても、もはや奇異なことには思われまい。

一方にシステム理論に依拠して文化批判の思考形式に注目するボルツの観察眼があり、他方に彼が批判するジンメルのような哲学的な観察眼がある。その両眼視覚によって浮かび上がる田園都市へレラウの像は、文化の外部に排除された要素を取り戻すアーキテクチャの戦略でありながら、機械的な操作を超えた文化と人間形成との紆余曲折の過程の創造物としての在り様であった。都市を批判する都市、文化を批判する文化としての田園都市は、現在もなおその伝統を継承しようとしている。

注

（1）田園都市ヘレラウの史実に関する詳細な検討については拙著（山名 2006）を参照。ここではそれを足場にしつつも、都市化批判にもとづく都市形成の論理について人間形成という観点を意識しつつ考察する。

（2）二一世紀に入ってからの田園都市ヘレラウ風景を豊富な写真と歴史解説つきで紹介したGalonska/Elstner 2007 も参照。

（3）よく知られるとおり、「埋め合わせ（Kompensation）」という考え方に先鞭をつけたのは、哲学者リッター（Ritter 1963a, 1963b）である。彼は、ヘーゲルの「分裂（不和、Entzweiung）」と「和解（宥和、Versöhnung）」の概念に発想を得て、「埋め合わせ」という考え方を導入した（vgl. Marquard 1976：916）。彼によれば、主体性、美的意味、歴史的意味、精神科学は、「埋め合わせを土台として形成されている、というのも社会は不可避的に歴史喪失性を埋め合わせて社会のために……人間の歴史的かつ精神的な世界を維持していくような機構を必要としているからである（Ritter 1974：131）。彼の後継者たち（たとえば、マルカードMarquard 1994）は、この「埋め合わせ」概念を拡張して、近代の一般的性質を読み解くための鍵として使用した。ボルツは、この概念を彼らから継承しつつ、それをシステム理論の枠組のうちに受け容れて、近代における文化批判を解釈することを試みている。

（4）「リエントリー」は、G・スペンサー＝ブラウン（Spencer Braun 1969）の形式演算における論理形態である。この概念は、ルーマンと彼の後継者たちによって、システム理論のキーワードとして受容された。ボルツによれば、「リエントリー」とは、「ある形式を自らのなかに再度組み入れる」（Bolz 1997：243）ことであるとされる。たとえば、システムと環境の区別が再度システムのなかに適用されるときなどのように、形式は自らのなかに再参入される。

(5) 「文化の文化的アンチテーゼ」としての「自然」はいかにして正当化されるのか。この点に関連して、生活改革運動の研究者であるクラッベ（Krabbe, W.）の解釈は興味深い。彼は、「自然性」とは「およそ純粋に内在的な基礎づけを可能とし、なんら超越的な啓示によらずしてそれ自体のうちに明晰であり確実であるような真理」（カッシーラー 1974：18）であるというカッシーラーの見解に注目している。クラッベは、そのような論理、つまり「それは自然的である、なぜなら、それは自然だからだ」という論理ならぬ論理こそが、生活改革運動の根本的な特徴の一つであるとみなし、それを「自然性の循環論法」（Krabbe 1974：78）と呼んだ。「自然性」とは、つまり、そのままで私たちの前にあるというよりは、私たちが創作し、少なくとも認定し、演出するような何ものかである、というわけである（詳しくは山名 2000：139f. を参照）。

(6) 〈文化／自然〉図式を文化へと「リエントリー」する形式は、田園都市運動にのみ当てはまるわけではなく、一九・二〇世紀転換期にみられた広義の生活改革運動（衣服改革運動、裸体主義運動、身体文化運動、土地改革運動、田園都市運動、反アルコール運動、反喫煙運動、菜食主義運動、自然療法運動、反予防接種運動、移住運動、ヴァンダーフォーゲル運動、そして新教育運動など）に共通してみられた一般的な傾向であるといえるだろう（竹中 2004、山名 2006）。とはいえ、田園都市は、そのような「リエントリー」形式を有する他の諸改革を空間構成の構想のうちに結びつけるような総合的な性質を帯びているという点に、その特色が認められる。

(7) シュレーバー協会には「遊び委員会（Spiel-Kommission）」が設けられ、子どもの遊びを指導していたという。「遊び指導員（Spielleiter）」は、子どもを遊びに導くだけでなく、自分自身が道徳的に監督することを課題として引き受けていたとされる（Mangner 1884：47-49）。

(8) クラインガルテンの発展過程およびシュレーバー協会の位置づけについては、穂鷹 2004、とりわけその

第四章「クラインガルテン施設の展開」に詳しい。

（9）とはいえ、ドイツにおいて公園があらゆる年代の人びとにとっての「自由空間」と呼びうるようになるまでには、まだ多くの時間が必要であったようだ。一九世紀には、子どもたちは公園施設に監督者なしで入ることができないところが多く、公園使用規定においてそのように明記されているところもあった。二〇世紀初頭になっても、子どもたちが公園を使用することは当然のことではなかった。「自由空間」が都市空間に組み入れられる過程は地域の状況や階層の格差とも結びついていた。たとえば一九〇〇年頃のベルリンでは、ティアガルテン帝国公園を例外として、当時存在した四つの公園（Friedrichshain, Humboldthain, Treptower Park, Victorpark）は市街地の周辺部分にしかみられなかった。また、労働者居住区においてそのような土地利用が難しい状況が続いた。本書は都市空間における「自由空間」の誕生と変遷をめぐる本格的な歴史研究を目指すものではない。別の機会にあらためてそのような方向での考察を試み、ここでの体系的な議論を補完したい。

（10）一八八七年に「ドイツ造園芸術家協会（Verein Deutscher Gartenkünstler）」が創設されたことは、「造園芸術家」という名称の普及に関する一つの重要な出来事として挙げることができるだろう。

（11）この点については、山名 2006、とりわけその第三章「教育空間のかたち」を参照されたい。

（12）田園都市ヘレラウが辿った道のりをさらに詳しく追ってみると、とりわけ戦間期および戦中期において、この空間実験における多様性のうちに、規律性、強靭性、民族の純粋性などを「自然」の名の下に無条件に正当化するような論理も入り込んでいたことがわかる（山名 2006：257ff.）。この点は、ヘレラウのみならず、「リエントリー」形式による生活改革一般にもいえることであり、文化と文化批判の絶えざる循環のなかで生じる「自由空間」を省察すべき一つの重要なポイントをなしているように思われる。

（13）ドイツ語版ジンメル全集（Georg Simmel: *Gesamtausgabe*. 24 Bd. Hrsg. v. Rammstedt,O., Frankfurt a.M.）についてはGSGという略式記号で示すことにする。なお、参照した邦訳については該当頁を記したが、本考の文脈に合わせて訳文を変えたところがある。

（14）「ヘレラウ 100plus」の概要については、以下のサイトで確認できる。
"hellerau100plus - Vision Lebensreform - Lernen von Hellerau" http://www.dresden-hellerau.de/100plus/index.html（最終確認日　二〇一五年一月三一日）

文献

Bergmann, P.（1900）: *Soziale Pädagogik auf erfahrungswissenschaftlicher Grundlage und mit Hilfe der induktiven Methode als universalistische oder Kultur-Pädagogik*. Gera.

Bolz, N.（1997）: *Die Sinngesellschaft*. Düsseldorf. = 村上淳一訳（1998）『意味に餓える社会』東京大学出版会。

E・カッシーラー／生松敬三訳（1974）『ジャン＝ジャック・ルソー問題』みすず書房。

Dohrn, W.（1911）: Die Aufgabe der Bildungsanstalt Jaques-Dalcroze. In: Bildungsanstalt Jaques-Dalcroze（Hrsg.）: *Der Rhytmus. Ein Jahrbuch*. Bd.1, Jena.

Galonska, C./Elstner, F.（2007）: *Gartenstadt/Garden of Hellerau. Einhundert Jahre erste deutsche Gartenstadt/One Hundred Years of Germany's First Garden City*. Chemnitz.

東秀紀他（2001）『「明日の田園都市」への誘い――ハワードの構想に発したその歴史と未来』彰国社。

穂鷹知美（2004）『都市と緑――近代ドイツの緑化文化』山川出版社。

Kocka, J./Ritter, G. A.（Hrsg.）（1987）: *Sozialgeschichtliches Arbeitsbuch. Bd. 2. Materialien zur Statistik des Kaiserreichs 1870–1914*. Zweite, durchgearbeitete Aufl. München.

Krabbe, W. R.（1974）: *Gesellschaftsveränderung durch Lebensreform*. Göttingen.

L・マンフォード／生田勉訳（1974）『都市の文化』鹿島出版会。

Mangner, E.（1884）: *Spielplätze und Erziehungsvereine. Praktische Winke zur Förderung harmonischer Jugenderziehung nach dem Vorbilde der Leipziger Schrebervereine*. Leipzig.

Marquard, O. (1976): Kompensation. In: Ritter, J./Gründer, K. (Hrsg.): *Historisches Wörterbuch der Philosophie*. Bd.4. Basel/Stuttgart, S. 912-918.

Marquard, O. (1994): *Skepsis und Zustimmung*. Stuttgart.

N.N. (1912): Howard über Hellerau. In: *Gartenstadt*. 6.Jg., S.176

Rimbach, D. (2009): *Öffentliche Freiräume für Kinder als Gegenstand der städtischen Freiraumplanung von der Mitte des 19. bis zur Mitte des 20. Jahrhunderts*. Göttingen.

Rimbach, D. (2009/2010): *Zur Entwicklungsgeschichte der öffentlichen Freiräume für Kinder*. (http://aba-fachverband.org/index.php?id=1319)（最終閲覧日二〇一四年五月一日）

Ritter, J. (Original 1963a): Die Aufgabe der Geisteswissenschaften in der modernen Gesellschaft. In: Ders. (1974): *Subjektivität. Sechs Aufsätze*. Frankfurt a.M., S. 105-140.

Ritter, J. (Original 1963b): Landschaft. Zur Funktion des Ästhetischen in der modernen Gesellschaft. In: Ders. (1974): *Subjektivität. Sechs Aufsätze*. Frankfurt a.M., S. 141-163.

Scheffler, K. (1912): Das Dalcroze-Haus in Hellerau. In: *Vossische Zeitung*. Jg. 6, IV.

Simmel, G. (Orig. 1898): Rom. Eine ästhetische Analyse. In: Ders. (1992): Gesamtausgabe. Bd.5. Hrsg. v. Dahme,H.-J. u.a., Frankfurt a.M., S.301-310. = 川村二郎訳（1975）「ローマ　ひとつの美学的分析」『ジンメル著作集』第一〇巻、白水社、二六－四四頁。

Simmel, G. (Orig. 1903) : Die Großstadt und das Geistesleben. In: Ders. (1995): *Gesamtausgabe*. Bd.7. Hrsg. v. Kramme,R. u.a., Frankfurt a.M., S.116-131. = 居安正訳（1976）「大都市と精神生活」『ジンメル著作集』第一二巻、白水社、二六九－二八五頁。

Simmel, G. (Orig. 1910): Der Begriff und die Tragödie der Kultur. In: Ders. (1996): *Gesamtausgabe*. Bd.14. Hrsg. v. Kramme,R. und Rammstedt,O., Frankfurt a.M., S.385-416. = 円子修平・大久保健治訳（1976）「文化

の概念と文化の悲劇」『ジンメル著作集』第七巻、白水社、二五三－二八七頁。

Spencer Braun, G. (1969): *Laws of Form. London.* = 大澤真幸・宮台真司訳（1987）『形式の法則』朝日出版社。

竹中亨（2004）『帰依する近代――ドイツ近代の原理主義者群像』ミネルヴァ書房。

Tessenow, H. (1919): *Handbuch und Kleinstadt.* Berlin.

F・ユーケッター／服部伸他訳（2014）『ドイツ環境史――エコロジー時代への途上で』昭和堂。

山名淳（2001）『ドイツ田園教育舎研究――「田園」型寄宿制学校の秩序』風間書房。

山名淳（2006）『夢幻のドイツ田園都市――教育共同体ヘレラウの挑戦』ミネルヴァ書房。

Intermezzo 2　田園都市ヘレラウと日本

田園都市ヘレラウは、ドイツから遠く隔たった日本とも関係があった。とはいえ、そのかかわり方は少し複雑である。

田園都市構想は、日本ではまず一九〇六年、横井時敬という農学者によって紹介された。だが、本格的な紹介は、一九〇七年に内務省地方局有志によって編集された『田園都市』が刊行されたときであるとされることが多い。これは、全一五章の構成で、三七〇頁からなる浩瀚な報告書である。イギリス、ドイツ、アメリカを中心とした世界の都市計画の動向や具体例が、田園都市を中心にして紹介されている。執筆者たちの主たる関心は、既存の農村や地方都市を近代化していくためにどのような都市計画を行うべきか、という問題に置かれていた。

報告書『田園都市』において、ヘレラウについての記事は見当たらない。ドイツの重要な田園都市として紹介されたのは、主としてルール工業地帯の最盛期を支えた工場主クルップの労働者住宅街だった。エッセン市のマルガレーテンヘーエ地区にあるこの住宅街は、今もほぼ当時の景観をそのままに残している。田園都市理念にもとづいて緑地を豊かに配置した美しい家並みは、そこを訪

図Ｉ2‐1　エッセン市のマルガレーテンヘーエ地区にある労働者住宅街

れる者の気持ちを和ませてくれる（図Ｉ２‐１）。だが、それは、もともとあった土地の起伏に合わせるように道路が曲線状に設えられた田園都市ヘレラウとは、やはりまったく異なっていた。また、ヘレラウが住民の福祉や安寧のみならず、人間形成の理念を明瞭に高く掲げていたことは、マルガレーテンヘーエも含めた他の田園都市との大きな相違であった。

日本の政府を通した田園都市との出会いにおいて、ヘレラウは視野に捉えられることはなかった。もっとも、先の『田園都市』が刊行されたのは、田園都市ヘレラウ有限会社が設立（一九〇八年）される一年前のことであったことを思うとき、まだその名も知られることのなかったヘレラウの計画について日本人が注目していなかったことは、いわば当然のことであったといえる。『田園都市』の刊行があと数年遅ければ、その視界にヘレラウが収められていた可能性はあったかもしれない。歴史はヘレラウとのすれ違いの方を選んだようだ。

だが、ヘレラウが日本と、あるいは日本人と無縁であったかというと、そういうわけではなかった。ヘレラウが最も活況を呈していた時代に複数の日本人がこの地を訪れていたのである。この田園都市の最盛期を目撃したのは、作曲家の山田耕筰、総合芸術の生みの親である斉藤桂三、「新劇場」の主催者として演劇界を支えた小山内薫、世界に名を馳せた舞踏家の伊藤道郎であった。彼らはみな、日本の芸術史に名を残している人物である。彼らにとって、ヘレラウにおける体験は衝撃的であったようだ。どれほどの衝撃であったかということについては、彼らの手記などによって十分に推し量ることができる。

たとえば、一九一三年七月に祝祭劇場で開催された第二回祭典を訪れた伊藤道郎は、『オルフェウス』の上演を目にして思いのほか感激したという。伊藤は、その直後にジャック＝ダルクローズの面接試験を受けて、同年八月に入校を決めた。八月一二日にはすでにヘレラウに移り住み、日本人として初めて祝祭劇場でリトミックを学んだという。

山田耕筰もまた、ヘレラウでの驚嘆について、次のように述懐している。「私は斎藤［桂三］とドレ《マ》エスデ《マ》ンに旅した。ジャック・ダルクロウズの舞踊学校をヘツ《マ》ラア《マ》ウに見学するために。その見学は、私に指導法に対するいい暗示を与えたばかりではなく、その後、石井漠と創始した『舞踊詩』の根底をなす力ともなった。／ヘツ《マ》ラア《マ》ウでの真剣な研究を、一日中ぶっ通しに見学したので、その夜は二人とも疲れ切っていた」（山田 2003：184，［　］内は筆者による補足、／は改行を表す）。

さらに、小山内薫も、祝祭劇場に大きな衝撃を受けた人物の一人であった。一九一五年八月一九日に書かれたとされる手記「ダルクロオズ学校訪問」によれば、小山内は、祝祭劇場で偶然にこの劇場の運営を任されていたドールン（Dohrn, H.）と出会い、彼の案内によってこの建物を参観した。祝祭劇場は、小山内には「ヘル《マ》ラア《マ》アウの王城」（小山内 1975：553）にみえたらしく、「空間と線との最も単純な表現」から成り立つ「一種不思議な感じのする大きな建物」と形容している。また、劇場内についても、彼は驚嘆を隠さない。『オルフェウス』の「単純極まる舞台を非常に面白い」（小山内 1975：563）と感想を述べているが、なかでも大ホールの天井、側壁、舞台の後ろのすべてが白い布で覆われていたことに関心を寄せている。その布のなかにいくつもの照明器具が取り付けられており、そこでは観客がまるで「四角い大きな灯籠の中へはひつたやうな感じ」（小山内 1975：558）を味わうことができるようになっていた。彼は、次のように述べている。「白い布の中に規則正しくついてゐる電灯は、この広い Saal［＝大ホール］を、隅から隅まで夢幻的に照らすのです――私は灯籠の中にゐながら、灯籠を外から見てゐるような、しつとりした柔かな感じに身を包まれて、暫くぼうつとしてゐました。さうしてかういふ光の中で、踊を見る事が出来たりしたら、どんなに幸福だらうと思ひました」（小山内 1975：566f.,［　］内は筆者による補足）。

ヘレラウを訪れた日本人たちによって伝えられたリトミックは、日本の舞踊や演劇の世界に導入され、新たな芸術を創出するための推進力となっていった。[1] 山田は、一九一六年、舞踊家の石井漠らとともに、舞踊詩および舞踊詩劇の創作を試みたが、その背景としてリトミックの影響があったことを証言している。石井と山田に舞踊詩の成果を発表する場所を提供したのは、同じくヘレラウでリトミックに感動した小山内であった。

国際的な視点からみて最も大きな成功を収めたのは、伊藤道郎であろう。伊藤は、第一次世界大戦勃発によりロンドンへの移住を余儀なくされた一九一四年八月まで、ヘレラウで指導を受けた。ロンドンでは、作家イェイツ（Yeats, W. B.）に大きな影響を与え、彼が戯曲『鷹の井戸』を執筆する際に、伊藤は大きなインスピレーションを与えたという。一九一六年に渡米し、舞踊家として活躍し、後にハリウッドにおいて舞踊学校も経営した。

ヘレラウに衝撃を受けた日本人たち。彼らが日本へ持ち帰ったのは、一言でいえば、芸術の新たな息吹であった。今日、この田園都市を散策しながら伊藤らのことを想うとき、彼らが帰国後に日本の芸術界に大きな影響をもたらしたその原点がそこにあることに感動を覚えずにはいられない。だが、同時に、二〇世紀初頭にヘレラウを訪れた日本人たちが、この田園都市のより多様な側面を日本に十分に伝えなかったことを、私は残念にも思う。

田園都市ヘレラウは、リズムと身体の芸術にとって重要であっただけではなく、二〇世紀の新たな機械時代における工芸製品の制作に関して新たな方向性を模索した実験場であり、また、改革的な教育の構想と実践が試された場所でもあった（山名 2006）。そうした一連の改革を建築家というアーキテクチャの専門家たちが支え、企業家がそれらを後押ししていた。総じていえば、ヘレラウは、人間の「新しい生（生活）」を目指すという大きな計画が実行に移された場所であった。田園都市のこうした多面性を念頭に置いてみれば、当時の日本人たちが眺めたヘレラウはあくまでもその一面であった、といわざるをえない。

ヘレラウの全体像を捉えるためには、彼らに与えられた時間はあまりにも短すぎたのかもしれない。伊藤は、第一次世界大戦の影響でダルクローズの学校が危機に陥る状況について、次のように記述している。「……国際情勢は刻々と悪化して風雲急を告げてきた……ドレスデン、ヘレラウの町でもすでに戦争気分があふれていた……ダルクローズの舞踊学校にも、ひしひしと目に見えない圧力が加えられ、やがて、学校のポールに飜っていた世界一八カ国の国旗がいつとなく一つ一つ消えていた」（千田 1985：183 からの再引用）。

身の危険を感じた伊藤は、日本がドイツに宣戦を布告した三〇分前に、ドイツとオランダの国境を越えて、イギリスのロンドンへと移動したそうだ。この時期に最も長くヘレラウに滞在していた伊藤でさえ、時代の波に翻弄されておよそ一年で田園都市に別れを告げざるをえなかった。その後、再び日本人がヘレラウに滞在する時期が到来するのは、ようやく一九二〇年代に入ってからのことであった。リトミックに魅了された人々が、ヨーロッパを再度訪れ始めた時代のことだ。だが、その頃には、一九一〇年代前半にみられたヘレラウの活力は、すでに衰えをみせていた。

つまり、こういうことだ。ヘレラウ建設が人間形成の理念を高く掲げる空間構成による生（生活）改革の試みであったことは、二度にわたって日本では見過ごされてきた。一度目は、田園都市が日本に紹介されたときにヘレラウが視野に入っていなかったことによって。二度目は、芸術にかかわる人びとが田園都市という空間構成そのものが人間形成の実験であるという点に大きな関心を寄せなかったことによって。

ところが、である。一つの奇妙な現象について、ここで補筆しておかねばなるまい。日本では、リトミックを日本に導入した人物たちが関与した「新教育」的な学校の周りに、やがて、自然環境をも重視した住居群が形成されるようになっていった。その住居群のいくつかは、「田園都市」――その実態としては田園郊外に近いものの――と呼ばれるようになった。ヘレラウの場合、人間生活を改革するための居住アーキテクチャ群から祝祭劇場を中心とした教育空間が誕生したが、日本の場合には、逆に新たな教育を標榜する人びとが関係した学校施設を拠点としていくつかの居住アーキテクチャ群ができあがった。できあがったものは相互に類似した点を有しているが、その形成過程はまったく異なっていた。

「新教育」的な学校を中心とした日本の田園都市に関して鍵となる人物の一人は、小林宗作である。小林は、パリで学んだリトミックをもとにした「総合リズム教育」を創出したことでよく知られている。彼は、教育を実践するなかで、リズムが単に音楽教育や身体運動にとって重要であるばかりでなく、子どもたちの生活全体にとって重要であることに気づいていた。小林が著した『総合リヅム教育概論』（一九三五年）では、リトミックは「自然界と我々の生活との間に介在する諸相特に音楽、舞踏、体操、ピアノ、美術、工芸等の諸教科に共通な原理に依って最小努力で最大効果をもたらすべき指導法であり、且つ天分を開発し、リズミカルな性格を想像するものである」（小林 1978：129ff.）と特徴づけられている。小林は、田園都市ヘレラウと無関係の経歴を歩んでいたが、ヘレラウ「新教育」に類似して、リトミックを柱としてリズムと労作と一般教育の統合を独自の立地点から考案するにいたったのである。小林や彼の後継者たちは、成城学園、玉川学園、和光学園といった改革志向の学校などにおいて教壇に立った。(2) 彼らが教えたこれらの学校こそ、鉄道の普及とも結びつきながら、新たな住宅街を形成していく際の核となっていった。

ちなみに、一九一〇年代以降、大規模都市に比較的近い場所に「田園都市」――という名の田園郊外――が数多くできている。具体例としては、関西土地株式会社による大見野田園都市、東京渡辺銀行による大船田園都市、田園都市株式会社による洗足および田園調布（旧多摩川台住宅地）などが挙げられる。この種の宅地開発においては、学校教育の充実をかかわらせて「学園都市」と銘打つ場合があった。東京の西南部をみてみると、大泉（練馬区）、国立（国立市）、小平（小平市）、日吉（横浜市）などが、その例となる。だが、それらは私企業が宅地化を促したり、あるいは鉄道の利用者を確保したりすることを第一義としたもので、学校教育の充実を最優先の目的としたものではなかった。学校の経営者自らがその教育理念の実現のために学校周辺の宅地開発に積極的に関与した例としては、先ほど言及した学校などが挙げられるばかりで、日本の「田園都市」全体からみればそれほど多くはない。

注

（1）「舞踊詩」とは、舞踊芸術を肉体の運動による詩であると解釈したうえで創案された、舞台で繰り広げられるパフォーマンスのことである。

（2）小林宗作が導入したリトミックの教育は、成城学園における教師の離反事件をとおして、皮肉にも普及していく。一九三三年、成城学園の校長であった小原国芳が辞任したことが原因となって学園紛争が生じ、小原は兼任していた玉川学園に完全移籍した。その際、成城学園から多数の退学者や転校者が生じてしまい、一九三四年、退学者の保護者の一部が退職した訓導数名とともに新しい改革的な学園として和光学園を創設した。これにともなって、小林の後継者たちも、玉川学園や和光学園で教鞭を執るようになったが、そのことによって、図らずも彼の考案したリトミック教育を普及させることになったのである。

文献

石井漠（1951）『私の舞踏生活』講談社。

小山内薫（1975）「ダルクロオズ学校訪問」『小山内薫全集』第六巻、春陽堂、五四七‐五七〇頁。

千田是也（1985）「あとがき――夢と現実」H・コールドウェル／中川鋭之助訳『伊藤道郎――人と芸術』早川書房、一三七‐一八九頁。

藤田富士男（2006）『伊藤道郎世界を舞う』新風舎（初版は、武蔵野書房、一九九二年）。

福嶋省吾（2003）「日本におけるリトミック教育の歴史的概観」日本ダルクローズ音楽教育学会編『リトミック研究の現在』開成出版、二二五‐二三九頁。

小林宗作（1978）『総合リズム教育概論』日本らいぶらり（初版は、一九三五年）。

内務省地方局有志（1980）『田園都市と日本人』講談社（初版は、『田園都市』のタイトルで一九〇七年）

山田耕筰（2003）『はるかなり青春のしらべ――自伝／若き日の狂詩曲』エムディーシー（初版は、長嶋書房、一九五七年）。

山名淳（2006）『夢幻の田園都市――教育共同体ヘレラウの挑戦』ミネルヴァ書房。

第四章　「学校共同体」に穴を穿つ
――アジール論からみた「新教育」

1　リエントリーが生み出す「学校共同体」

複合的なアーキテクチャとしての都市は、教育を挑発する。都市の「整序化」が未完にとどまる場合、都市は人間形成の環境として秩序や安定性を欠いていると診断され、それに対する不安が喚起される。都市が「整序化」に向かうとしても、その場合には、人工的な空間構造が人間形成にとって生み出す副作用が懸念される。いずれにしても、都市は教育学的思考をたえず触発する。そのような意味において、都市は教育について語ろうとする者を二重に引きつける戦略を備えているのではないか。第二章において辿り着いたのはそうした結論であった。第三章では、そのような議論の延長線上で、都市批判的なアーキテクチャのうちに文化の「リエントリー」の形式を読み込むことを試みた。都市批判的な都市は、それ自体がアーキテクチャでありながらその外部を志向し、なおかつそうした外部を自らのうちに取り込んでいく形式を備えている。第三章のこうしたテーゼを前提とするならば、本章においてさらに問うてみたいのは、「リエントリー」の形式が教育のアーキテクチャを生み出すとき、〈教育的保護〉という本書の観点からそれがどのように批判もしくは評価されるのか、ということである。前章では田園都市に注目したが、ここでは教育というテーマに最接近し、文化批判的な「リエントリー」の形式が生み出す学校空間に焦点を当ててみたい。

ある時代状況に対して危機診断が下されるとき、往々にして「失われた共同体」への思慕が強められる。共同体が避難および保護の場として構想されることによって、問題ある状況の源とみなされる縁が切り離されることが、また、あるべき絆が取り戻されることが、期待される。本章でとりあげるのは、そのような共同体志向の強まりによって生起した教育施設の一バリエーションである。一九・二〇世紀転換期における時代の危機診断とともに、「学校のゲマインシャフト化」（渡邊 2000：65）を標榜した改革が、一部の学校で試みられるようになった。そのような学校は、一般に「学校共同体（Schul-Gemeinde）」と呼ばれることがある。そうした「学校共同体」の先駆けといえるのは、ドイツ田園教育舎という寄宿制の学校である。(1)

本章において鍵概念となるのは、「アジール」である。「アジール」（独 Asyl, 英 asylum, 仏 asile）は、語源をさかのぼれば、「不可侵」を意味するギリシャ語（asylos-asulon）に由来し、そこから転じて、「庇護」、「避難所」を意味するようになったという。次節において詳論するように、「アジール」は、まずは法制史上の重要語であるが、日本においては、歴史学や哲学において特異な受容・発展を遂げた術語としての側面を有している。後でまた述べることになるが、「アジール」は近代よりも前の時代に存在感を帯びていたという。一九・二〇世紀の「学校共同体」は、そのような「アジール」が消滅の危機を経た後に創造された「アジール」としての側面を有している。ドイツ田園教育舎を事例として、こうした近代における企図された「アジール」の特徴を教育とのかかわりにおいて検討してみたい。

2　保護原理としての「アジール」

1　「アジール」とは何か――法制度における保護原理の生成と消滅

「アジール」という概念は、日本においては、「無縁」の原理から日本の中世史を捉え直そうとした網野善彦（1978）や、中世ヨーロッパの変容過程を論じた阿部謹也（1978, 1979）を魅了したことでよく知られている。その後、歴史学の内外において、「アジール」を鍵とする研究がみられるようになり、今日にいたっている（夏目 2009 : 7ff. 舟木 2010 : 204ff.）。網野や阿部にインスピレーションを与えたヘンスラー（Henssler, O.）の『アジール――その歴史と諸形態』（Henssler 1954）が邦訳（2010）されたことにより、「アジール」論の基盤をよりいっそう見極めやすい状態が整ってきた。

ヘンスラーは、法制史を専門としており、著書『アジール』によって、アジール法（Asylrecht）の変容過程を描出するとともに、古ゲルマンにおけるアジール法の諸形態（場所、時間、人格に関わるアジール法）を検討している。私たちの関心から最も重要であると思われるのは、彼がアジール法の発展過程を「宗教的・魔術的段階」、「実利主義的段階」、「退化と終末の段階」の三つに区分して論じている部分である。

「アジール」が生成するための前提とヘンスラーがみなしているのは、「生存の恒常的危機」（Henssler 1954＝邦訳 23）――人間との、獣類との、自然や諸霊との闘争状態――である。そうした危機的状態が、人びとのうちに「恐怖と不安」（Henssler 1954：14＝邦訳 23）という根源的な感情を呼び起こし、そのような心理的な条件をもとにして「保護原理を求める必要が生じる」（Henssler 1954：15＝邦訳 23）とされる。そのような心理的な条件と合致して保護の作用を及ぼす要素を、ヘンスラーは、「オレンディスムス」（＝強い効力を有する有形無形の諸力および諸霊が存在するという信仰）のうちに求めた。彼によれば、ある人物が「オレンダ」（＝神的な力）と接触することによって、その人物は宗教的・魔術的な畏怖の対象となる。そして、「共同体はそのようなオレンダ化された人物に対して、少なくともそのオレンダ化作用が持続している限りは、それ以上の介入措置を一切差し控えなくてはならない」（Henssler 1954：18f.＝邦訳 26）状態となる。ヘンスラーがアジール法の「宗教的・魔術的段階」について述べるとき、想定されているのは、こうした「オレンダ」との接触作用である。

ヘンスラーによれば、それに続くのはアジール法の「実利主義的段階」である。この段階では、「共同体生活の統制が意識的なものへと移行してゆくとともに、法が「宗教から」分離」し、「合目的性と実用性のもとに人間集団が組織され」(Henssler 1954：26＝邦訳 38，［ ］内は筆者による補足) るようになる。宗教的・魔術的な基盤のもとにあった保護原理は、世俗国家の法整備とともに合目的的に規定され、国家権力によって保証される度合いを増していくようになる。ヘンスラーは、ヘルヴィッヒ (Hellwig, A.) の先行研究にもとづいて、国家形成と法形成が相関的に発展してゆく段階のアジール法を、「犯罪者のアジール法」(Henssler 1954：27ff.＝邦訳 40ff.)、「外国人のアジール法」(Henssler 1954：33＝邦訳 48)、「奴隷のアジール法」(Henssler 1954：35＝邦訳 50) に区分して、それらが司法政策、商業政策、社会政策の次元において整えられていく状況を描出している。

ヘンスラーによるアジール法の第三段階は、「退化と終末の段階」である。「国家がすべての強制権力と法を独占」(Henssler 1954：37＝邦訳 53) すると同時に、「生における個々の領域の細分化が進行」するようになると、かつて宗教によって統括されていた生の諸事象が、より合理的な秩序化のもとに置かれるようになる。このような段階にいたると、アジール法は、「不必要なだけでなく、法に敵対するもの」(Henssler 1954：37＝邦訳 53) とみなされる。なぜなら、法環境が精緻に整備されるなかで、それでも「アジールが承認されるならば、法秩序の原理のなかに不確定性と恣意性が持ち込まれてしまう」(Henssler 1954：37＝邦訳 54) からだ。この段階になると、基本的に、「アジール法はその機能を失い、内実を欠いた形式だけのものとなってゆく」(Henssler 1954：38＝邦訳 54) とされる。

2　近代における「アジール」の両義性

ヘンスラーによる「アジール」の三段階説が歴史学的にみて正当かどうか。そのことについて論じることは重要ではあるが、ここでの関心事ではない。私たちにとって彼の研究が興味深いのは、おそらく「アジール」概念に引き寄せられた他の多くの論者たちにとってと同様に、「あらゆる文化圏にわたって、文化形成に関する共通点が取り出せるという事実」（Henssler 1954：12＝邦訳 19）として「アジール」が注目されているからである。ヘンスラーは、法制化される以前の「アジール」の原初形態から法制上の「アジール」の消滅までを通覧するなかで、「文化のサイクルが描く上昇曲線」（Henssler 1954：42＝邦訳 59）のうちに浮上する「人間社会の組織化」の問題を看取しようとしている。そこには、法制の問題を超えて、われわれが近代化と名づけてその批判的検証を行おうとしてきた事態に対する問題視角が包含されていると考えられる(2)。

ヘンスラーにおける重要な示唆の一つは、文化のなかで人びとのかかわりを調整してきた「アジール」のようなあいまいな要素が、近代化とともに合理性の度合いが高まる社会システムにおいて次第に消滅していく傾向が生じたということである。「アジール」論に触発されつつ網野善彦が仕掛けた無縁をめぐる議論（1978）、さらには網野に対する「追悼文」的著作のなかで中沢新一（2004）がなした無縁論のいわば意訳の試みは(3)、合理性をつきつめた近代の社会システムにおいて法や権力が入り込みがたい「アジール」の領野が消滅の危機に瀕していること、またそのことを通して人間の「根源的自由」が脅かされていることを示唆している。ここには、「アジール」論が近代批判的な論点を内包しているということが、先鋭的に示されているといえるだろう。

　それと対をなすヘンスラーのもう一つの重要な指摘は、近代における「アジール」の危機にもかかわらず、法制における「アジール」の存在理由の危機がみられた後も、「アジール」的なるものが私たちの文化の構成要素であることを暗示していることである（Henssler 1954：42＝邦訳 59）。ヘンスラー自身が指摘しているように、法システムにおける「恩赦」の制度などが、その典型として挙げられるだろう。また、観察者の視点によっては、赤十字や国連などのような組織、またNGOやNPO（舟木 2010）、さらには「電話相談」（長岡 2010）にいたるまで、近代の「アジール」とみなされるものの範囲は広がりうる。[4] 近代によってその存立が脅かされ、けれども同時に、近代の一部をなしているような「アジール」。多くの論者たちを魅了してきたのは、まさにそのような「アジール」をめぐる近代の揺らぎであったのではないだろうか。

　近代にまで射程を拡げて「アジール」について論じる視座を探求している舟木徹男は、「アジール」概念をヘンスラーの所論にもとづきつつ「平和聖性にもとづく庇護、およびそうした庇護をもたらす時空や人」（舟木 2010：214）と再定義している。彼は、「かつて人々を結びつけていた呪術的な絆」（舟木 2010：256）の痕跡を狭義の「アジール」の要件とみなしているが、そのうえで、「平和聖性」[5] の痕跡が如実にみられるわけではない近代における広義の「アジール」について検討を試みている。舟木の定義に則って、ここでは「アジール」を「ある人物の存立を危うくする力に抗して保護作用を及ぼしうるような、空間性、時間性、関係性などにかかわる要素」と広く捉えることにしたい。

3　「アジール」論からみた「学校共同体」

1　「オープン・エア・スクール」としてのドイツ田園教育舎

教育とのかかわりにおいて「アジール」を論じる視点は、多様かつ相対的である。たとえば、網野らの先行研究で言及されている「エンガチョ」のような遊びなどのほかに、学校内部の空間（保健室、図書室、カウンセリング・ルーム、トイレ、体育館、中庭、屋上）、学校にまつわる時間（休憩時間、長期休暇、文化祭の時間、部活動の時間）、学校外部の空間（駅前、コンビニエンス・ストアの店先、公園、子ども部屋）、福祉に関する時空間、電子空間（インターネット、ケイタイ）などのうちに「アジール」的性質を見出して論じることができるかもしれない。Aという場所がBという場所からの逃げ場とみなされる場合もあれば、Bという場所がAという場所からの「アジール」としての側面を有することもある、といった「アジール」の相対性も、考察の際には顧慮しなければならないであろう。たとえば、学校において何らかの理由で苦しんでいる子どもにとって、家庭は「アジール」となりうるが、家庭で十分に保護されていない状況下にある子どもにとっては、逆に、学校が

「アジール」となる。ただ、ここではそうした教育における「アジール」論の拡がりを意識しつつも、さしあたり「学校共同体」に関する問いへと関心を向けていくことにしよう。だが、その前に、本論において「学校共同体」として具体的にとりあげるドイツ田園教育舎のここでの位置づけについて言及しておかねばならないだろう。

ドイツ田園教育舎の基本特徴は、創設者であるリーツ（Lietz, H.）によって与えられたその名称に端的に刻印されているといってよいだろう。彼は、家庭的な「（寄宿）舎」を備えた「教育」（彼にとって、それは通常の授業を超えた包括的な人間形成の支援を意味していた）のための学校を「田園」地帯に設立した。この学校を一つのモデルとして、その後、ドイツ国内外に同様の基本特徴を有する学校が設立されるようになった（図4-1）。

その空間的な特徴に注目していえば、ドイツ田園教育舎は、「オープン・エア・スクール」の一種として位置づけられる。「オープン・エア・スクール」とは、人工的な構造物に覆われていくことが人間形成に対してネガティヴな影響を与えるのではないかという懸念から、可能なかぎり空気や光を遮ることなく子どもたちの環境のうちに取り込むことを意図して創られた教育施設である。ベルリンの郊外に一九〇四年にできた「森の学校（Waldschule）」、あるいは一八九八年から徐々に数を増やしていったドイツ田園教育舎系の学校は、その代表的な施設であるといえるだろう。比較教育史的な考察（Châtelet/Lerch/Noël 2003）が明らかにしているように、ドイツのみならず広く欧米においてほぼ同時期に多く建てられおり、また日本でも大正期および昭和初期を中心としてこの

図４－１　ドイツ田園教育舎（現ヘルマン・リーツ学校）ハウビンダ校（2012年６月28日、筆者撮影）
野外活動用の野原から主校舎を眺める。手前は農作業関係施設。チューリンゲンの森がその背景に広がる。

カテゴリーに属する学校が増えている。むろん、それらの教育施設は、非アーキテクチャではない。アーキテクチャとその外部とを区分けしたうえで双方の要素を組み込んでいく（第三章のキーワードでいえば「リエントリー」の形式を有した）アーキテクチャである。(6)

「オープン・エア・スクール」型の学校は、「新教育」を象徴する人間形成の施設と位置づけられている。「新教育」とは、一般に、一八九〇年代頃から一九二〇年代頃までの時期を中心に展開したとされる子ども中心主義的な教育の理論および実践を意味している。(7) 子ども中心主義は、子ども自身が自己形成していく能力を有することを前提として、そうした自ら伸びゆく子どもの本性を阻害しないかたちで教育を構想しようとする考え方を指している。「オープン・エア・スクール」は、空間の次元において目にみえるかたちで、そのような「新教育」の開放的な姿勢を示しており、それゆえ「新教育」を象徴しているとみなされることも多い。

2 〈差異〉構造の弛緩

そのような空間的特徴を有する「学校共同体」を「アジール」というテーマと関連づけてみようとするとき、いったいどのようなことがいえるだろうか。まず重要と考えられるのは、当事者たちによる論理の次元において、「学校共同体」そのものが「アジール」とみなされる、ということである。

「新教育」は、学校による否定的な力の行使から子どもたちを保護するような「アジール」的な要素を、学校の外部にではなく、その内部に半ば意図的に取り込むことによって問題を解消しようとする側面を有していたといえるのではないだろうか。ドイツ田園教育舎は、そのことを具体的に示している好個の事例である。少なくともこの種の学校を正当化する論理において、その点が確認される。創設者であるリーツによれば、既存の学校は、「奴隷教育」を遂行する「奴隷施設」にほかならず、教師は「奴隷監督者」としての役割を果たしている。「学校共同体」は、そのような束縛状態から子どもたちを解放し、自由を享受させるための教育施設として意味づけられた（詳しくは、山名 2000 : 100f.）。リーツや彼の賛同者たちは、あらゆる次元において「自然性」への回帰を標榜し、旧式の「授業の学校」から子どもたちを救済して新たな「教育の学校」へと解き放つことを目指したのである。言い換えれば、それは、「アジール」の危機に対する反省および批判にもとづく計画的な「アジール」であり、こういってよければ疑似的「アジール」としての相貌を帯びている。「学校共同体」は、そのような意味において、網野・中沢が危惧した「アジール」の消滅を潜り抜けた後の、近代における企図された「アジール」の一種として位置づけることができる。

「自然性」への回帰という、「学校共同体」の当事者による正当化の論理は、むろん、「学校共同体」という実践の場を構成する論理と一致しているわけではない。第三章でとりあげたボルツ（Bolz, N.）が示唆しているような文化批判のレトリック（Bolz 1997 : 211ff. = 邦訳 248ff.）を近代社会のうちに読み込もうとすることを、文化批判の第二次観察と呼ぶとしよう。そのような第二次観察の立場からみると、「学校共同体」の当事者が「自然性」への回帰とみなしている事態は、すでに論じたとおり、「自然」の称揚にもとづきつつ、けれどもそれ自体は〈文化／自然〉という二項図式を文化のうちに「リエントリー」するような人工的な試みにほかならない。

以上のような文脈においていえば、「学校共同体」は、単純に「自然性」へと回帰しているわけではないし、したがって、学校における意図的につくられた構造を放棄しているわけでもない。だが、その一方において、この種の学校は、〈文化／自然〉の文化へのリエントリーに即して、基本的な学校の〈差異〉構造を弛緩しているようにもみえる。(8) 空間の次元においては、森林をも含む広大なキャンパスが設えられ、時間の次元においては、放課後や寮の生活時間も「教育の時間」として解釈され、人間関係の次元においては、教師が生徒の「仲間」として位置づけられている。その場合、学校の〈差異〉構造は包括的となるが、同時に曖昧化される。そのような傾向が認められるかぎりにおいて、この種の学校には、正当化の論理の次元のみならず、実践の次元においても、「アジール」としての側面が見出されるといえるのではないだろうか。このことは、以下で論じるように、よりミクロな教育実践の場における「アジール」のなかの「アジール」に目を向けたときに、とりわけ妥当性を帯びるように思われる。

3 学校に折り重なる「アジール」

「学校共同体」をより大局的に眺め直してみるならば、それは学校に折り重なる多様な「アジール」の一つの層をなすものとして位置づけられるかもしれない。「アジール」としての「学校共同体」が目指していたことは、「旧教育」と「新教育」という対立図式を前提として、「旧教育」の場とされる旧来の学校から子どもたちを保護することであった。だが、この場合の旧来の学校もまた、大人と子どもの世界がまだ十分に分離されていない共同体から子どもたちの世界を分離してつくられた「アジール」としての側面を有している(9)。さらにいえば、大人と子どもが混在していたと想定される共同体もまた、それが外部の自然性や獣性によって引き起こされる恐怖や不安からの保護空間としての意義を有するかぎりにおいて「アジール」とみなされうる。「学校共同体」は、そのように教育空間としての学校に何重にも折り重なる「アジール」の層の一部としての側面を有している。

さて、今度は逆に、学校のよりミクロな領域に視線を移していくと、「学校共同体」のなかに子どもたち自身が発見し、また創発することもあるような隠れ家的な空間および時間の存在が認められるように思われる。ドイツ田園教育舎を事例としてとりあげた私自身の考察にもとづいていえば（山名 2000：273ff.）、ゴフマン（Goffman, E.）が『アサイラム』（一九六一年）において展開した「全制的施設」論（一九六一年）において指摘していた被収容者たちの「裏面生活」の時空が、「学校共同体」のうちに見出されることになる。ゴフマンのいう「解放区」としての広大な森や丘、「集団占有領域」としての小屋、寮の寝室、あるいはキャンパスの外部にまで視野を広げれば、隣村の居酒屋などが、「裏面生活」の舞台となっていた。ゴフマンの著作名がすでに暗示しているように、包括性（＝被収容者たちの日常生活を包括的に統御しようとする性質）を特徴とする「全制的施設」としての「学校共同体」が「アジール」であるとすれば、そこに生じる上述のような擬似的な外部は、「アジール」のなかに生起するもう一つの「アジール」と呼ぶことができるのではないか（山名 2000：278）[10]。

「学校共同体」の内部におけるこうした裂け目は、教育との関係において、いったいどのように意味づけられるだろうか。ゴフマンの示唆にもとづいていえば、「裏面生活」が可能となる「アジール」のなかの「アジール」の存在によって、一方で、子どもたちは、個人と彼が参加しうる社会的単位の間に境界線を引こうとするさまざまな便法を行使する。そうすることで、彼らは「自己たる所以」を確かめる可能性を確保するとになる。だが、他方において、このことは「全制的施設」

の秩序に対する撹乱を回避するために機能する秩序形成の微調整（ゴフマンの言葉を用いれば、「自足的な第二次的調整」）としての側面をも併せ持っている。「学校共同体」という「アジール」のなかの「アジール」に以上のような両義的な機能が備わっているとすれば、学校が子どもたちを抑圧してしまうといった想定を根底にもつ規律論的な教育空間論を超える可能性がそこに見出されるのではないか。私がかつて暫定的な結論として提示したのは、そのようなことであった。とはいえ、「学校共同体」にまつわる「アジール」について、こうした秩序形成の視点から観察するだけでは、おそらく十分ではない。次項において、その先を考えてみよう。

4　親密な関係性――あるいはリスクとしての近代の「アジール」

「アジール」としての「学校共同体」を起点として、ミクロな方向とマクロな方向との双方に視界を広げてみると、そこに浮かび上がるのは、人間の存立を脅かす力とそのような力からの保護作用が、次第に位相を変えながら、学校という場の内外に「アジール」を折り重ねてゆくイメージである。そのような「アジール」の折り重なりによって、共同体の内部に、図らずも「アジール」の内部に立ち現れる権力をさらに逃れるための穴が穿たれてゆく。最終的な問題は、そこで何が生じうるか、ということである。

近代の企図された「アジール」としての「学校共同体」の在り方は、当の生徒たちによってどのように体験されていたのだろうか。当時の「体験」を再構成して提示することには困難がつきまとうが、生徒たちによる限られた証言を追ってみると、たとえば次のような記述に突き当たる。

「最初の頃、ぼくにとって、とくにある事実がひどく頭痛の種だったことを、いまでは懐かしく思い出すことができる。それは、生徒と教師の関係だ。生徒たちは、どの教師に対しても、一礼することなく近づいていく。ぼくの新しい仲間たちは、教師のことを、頭ごなしの命令によっていつも怒りを催させるような宿敵とは思っていなかった。……最初の頃、ぼくにはそのことがうまく理解できなかった」（N.N. o.J.（1902）：3）。

これは、ベルリンのギムナジウムからドイツ田園教育舎ハウビンダ校へ転校してきたある生徒の述懐で、生徒たちが自主発行していた月刊誌に掲載された文章の一部である。一般的な学校の〈差異〉構造においては明確に引かれていた教師と生徒の間の境界線が、「学校共同体」のうちにみられない。そのことに対する当惑がこの手記には示されている。教師の立場を「友人として、仲間として、援助および奉仕の使命を授かった者として」（リーツ）把握しようとした「学校共同体」の設立者による態度表明と生徒の実感との符合を、この場面にみてとることもできるだろう。

この生徒は、続けて、次のように記している。

「おまけに、紳士たち［＝教師たち］は、彼らの地位を台無しにして、生徒たちとサッカーをしているんだ。しかも、上半身裸で。……率直にいおう。ぼくがそれをみたとき、心のなかでこうつぶやいたんだ。『ドイツ田園教育舎の何もかもが、たしかにすばらしいと思う。だけど、教師と生徒の関係など、いったいどこにあるというんだい』。現在、ぼくは別の見方をしている。以前には腹立たしかったことを、ぼくは今では理想的ですばらしいと感じている」(N.N. o.J.(1902):3.[ ]内は、筆者による補足)。

この生徒は、最初、学校の〈差異〉構造によって注意深く保持されてきた教師と生徒とを分け隔てる境界線が——身体を覆う衣服という皮膜の除去という現象をともなって——曖昧化することに対して不安を抱いていた。その不安は次第に和らぎ、最終的に、両者の親密さは彼に受け入れられていったのである。「学校共同体」の思想と実践が評価されるとき、まさにこうした通常の〈教師／生徒〉関係においては生じえないようなつながりの強さを生み出す効力が期待されてきた。

だが、同じハウビンダ校で学校生活を過ごしたある作家の小説は、〈差異〉構造の弛緩によって生起する〈教師／生徒〉関係の親密性について、別の印象を私たちに与えるであろう。シュパイヤー(Speyer, W.)は、『季節の憂鬱』(一九二二年)のなかで、ドイツ田園教育舎がモデルと考えられる教育施設を卒業する少年の心理的葛藤を描いている。丘の上で催された礼拝の夕べを終えた後、校長ハインリッヒは卒業生である「私」をその場に残して、卒業後のことについて語り合う。「学校共同体」の校地内にある丘の上で、ハインリッヒは、主人公の「私」に対して、卒業後も学校に残り、まずは修学旅行に同伴するように説得しようとする。「私」は次のように反応している。

「校長先生。」

不安げな沈黙が続いた後、私は答えた。苦悩のために声がおぼつかないことが自分でも感じられた。

「たった一人で外部の獣たちのいるところへ一歩を踏み出すのが、ぼくは怖いんです。あなたはご存じですよね。どんなにぼくが、あなたや仲間たち、そう、アビトゥアをまだ受験していない幸せな仲間たちと一緒に旅行したいことか。」

校長は、興奮した様子で、自分の腕を私の肩に回した。

「そうだろう。」

校長の口調には、勝利の感情が漂っていた。

「おまえが外に出たくないのなら、ここに残れ。」

幼かった頃よく眠ったその男の胸に、私は顔を寄せた。痛みをともなう夢心地がした。額を彼の胸に押しつけて、私はしばらく彼の腕に抱かれたままであった。

(Speyer 1922, aus: Heinritz/Heim 1995 : 25f.)

「私」は校長の胸の鼓動が激しく鳴り打つのを感じる。校長は、「私」の髪を激しく掻き撫でながら、ここ、つまり「学校共同体」に「おまえの永遠の少年期がある」と叫びに近い強さをもって「私」の心情に訴えかけている。

近代が締め出したはずの「アジール」的要素を、近代の危機診断のもとにあえて学校の内部に取り入れるとき、そこに生じうるのは〈自由〉や〈平等〉の可能性ばかりではない。〈教師／生徒〉関係をも含む学校の〈差異〉構造が堰止めてきたはずの何ものか――ここでは、教育愛と性愛との混淆――がそのような構造の弛緩によって教育の世界に入り込んでしまう可能性もまた、少なくともこの物語のなかでは生じているのではないだろうか。それは、「学校共同体」のたんなる危険性ではない。「アジール」の形成が「学校共同体」において企図的になされるかぎりにおいて、それは企図した者が自らの責任において請け負わざるをえないものである。

すべてを白日の下に晒そうとするより大きく精巧な評価の仕組みが学校世界を、また社会全体を覆う時代が到来するとき、「学校共同体」に対して、この「アジール」を切り離すように警鐘が鳴らされるようになるであろう。だが、「アジール」をそこから完全に切り離すとき、それはもはや「学校共同体」と呼びうるシステムではありえないのではないだろうか。

4 「学校共同体」に穴を穿つ――まとめにかえて

「新教育」については、これまで教育学において相異なる二様の評価が下されてきた（松下 2010）。

一方において、「新教育」は、二〇世紀後半に教育の改善が試みられる際の有効な歴史上の参照対象とみなされ、それゆえに、教育に関する「古典」のいわば収蔵庫として位置づけられてきた。[12]だが、他方において、そのような参照対象としての「新教育」こそが、近代教育における問題状況を生み出す原因であるとする解釈が、とくに一九九〇年代以降にみられるようになった。子どもの「自己活動」を目的合理的にコントロールしようとする「教育学と教育現実」の循環回路を「新教育」のうちに看取しようとした今井康雄（一九八八年）による「新教育の地平」批判は、後者の典型であり、しばしばその後における「新教育」批判のグランドデザインをなしてきた。

「新教育」に対するこうした評価のあり方は、「学校共同体」に関する議論にも反映することになるだろう。矢野智司は、「新教育」期における「共同体」重視の学校論および戦後におけるその継承、さらには今日における「学びの共同体」論（佐藤学）にいたるまでの一連の議論を「学校共同体」論の系譜として見渡したうえで、こうした「学校共同体」が、「一方で、従来の地縁・血縁に基づく農業共同体の原理であった贈与交換を受け継ぎつつ、他方で、市場経済によって実現された自由な個人による、自主的で互酬的な高次の共同体として回復しようとした」（矢野 2008 : 289）試みであったと述べている。注目すべきは、矢野が、近代の危機診断にもとづいた「学校共同体」のこうした達成を受け入れながら、けれども同時に、空間的に設定されるそのような「共同体」の限界をほのめかしていることである。矢野によれば、「純粋贈与」的な要素によって「共同体」は交換の輪の外部へと開かれていくが、外部との交通を閉ざした理想的・調和的な「共同体」として構想された「学校共同体」には、そのような「純粋贈与の体験」（矢野 2008：291）が欠如していた、と批判されることになる。

「アジール」としての「学校共同体」。そこからみえてくるのは、「新教育の地平」批判のなかで掲げられた巧妙なからくり――子どもの「自己活動」を目的合理的にコントロールしようとする「教育学と教育現実」の循環回路――としての「新教育」像とは別のイメージではないだろうか。「学校共同体」を一つのシステムとみなすならば、このシステムは、自らのうちにシステムにとって制御不可能な異物を抱えており、また、あえて抱えようとしているようにみえる。

「学校共同体」は、自らの力学によってシステムに穴を穿つ。「学校共同体」の内部に空けられた穴によって開かれるのは、教師と生徒という非対称的な役割関係のなかでは生じがたい出来事が生じる可能性である。そのような可能性の生起は、一方において、肯定的に評価されうるが、それだけにとどまらない。「学校共同体」の存立を脅かす要素を内部に招来してしまう側面を有するかぎりにおいて、この可能性は、システムそのものの存続にとってのリスクと裏腹のものであるというべきであろう。矢野が「学校共同体」の外部に見出そうとした可能性（およびシステムにとってのリスク）を、ここではその内部に読み込むことができるのではないだろうか。

「学校共同体」のそのような危うさが意識されるとき、教育学的思考はそれに対してどのような反応を示すだろうか。二〇一〇年に発覚した「学校共同体」のスキャンダルは、そのことに関する一つのシミュレーションとみなされるかもしれない。ゲヘープ（Geheeb, P.）が創設した有名な田園教育舎系の学校であるオーデンヴァルト校が創立一〇〇周年を迎えた二〇一〇年、当時の校長をはじめとする複数の教員たちによる子どもたちへの性的ハラスメントが長年にわたり行われてきたことが発覚した。(13)「学校共同体」における教育愛と性愛との混淆およびそのことと結びついた圧倒的な権力の行使について、「正規」の資料の次元においてこれまでのぼることのなかった抑圧されてきた声が、沈黙の淵から告発というかたちをとって明るみに出たのである。

教育学界においてこのことにいち早く反応したのは、まずはエルカース（Oelkers, J.）であった。「新教育」に対する急進的な批判的立場を保持し続けているエルカースにとって、オーデンヴァルト校における事件の生起は、「新教育」の例外的な出来事としてではなく、むしろ「新教育」の構造的な帰結として解釈される（Oelkers 2010）。この事件を契機として、エルカースは、あらためて「新教育」が無条件によいものであるとする神話を放逐するように人びとを促すようになった。「学校共同体」の内部に生じる「アジール」は、この偶像としての「新教育」もろともに排除の対象となるであろう。

「新教育」の神話を解体しようとする立場を固持するエルカースがそのような態度を表明したことに対して、大きな驚きはないかもしれない。特筆すべきは、こうしたエルカースの立場に異論を唱えるテノルト（Tenorth, H.-E.）の反応である。彼は、「新教育」が教育学的コミュニケーションにおいて構成されたブランド・イメージとしての側面を有していると考える点において、エルカースに近い立場にある。だが、彼は「新教育」を幻想とみなすことには賛同しておらず、一九・二〇世紀転換期に固有の現象としての「新教育」を省察することで得られる糧があると主張しているともいえる（Oelkers/Tenorth 2011）。その意味において、テノルトは、エルカースの対極に位置しているともいえる。それにもかかわらず、オーデンヴァルト校事件についてインタビューを受けたとき、テノルトが強調したことは、教育愛と性愛とを切り分けたうえで、子どもが教育を受ける権利が侵害されないことが重要であるということであった(14)。「新教育」を否定する立場からだけではなく、「新教育」を肯定する立場からも、だれもが否定しがたいきわめてまっとうな理由によって、「学校共同体」における「アジール」が、その肯定的な可能性への省察を欠いたまま、消去されようとしている。

「学校共同体」は、こういってよければ、近代教育の賭けである(15)。子どもたちを保護するためには、秩序化が必要であるが、秩序化を徹底することによって子どもたちの保護がその理想状況から遠ざかってゆく。子どもたちの「よき」変容にとって、保護の場は、安全で、秩序立っていれば、それでよいというわけではないからだ。近代教育は、ときとして「完璧な保護」が動揺することをも必要とする。「学校共同体」がその中核に抱えているのは、そのようなパラドックスであろう。社会化をコントロールすることを企図するという原理的に不可能なことを企図する点に教育システムのパラドキシカルな「構造的欠如」を看取しようとしたルーマンに倣っていえば（Luhmann 1987, cf. 山名 2004）、「学校共同体」はそのような「構造的欠如」の一バリエーションを、その根底に「アジール」的なるものとして宿しているのである。

「新教育」は、こうした「学校共同体」のパラドックスとどのように折り合おうとしているのか。いかにしてシステムは、システムのパラドックスをカムフラージュもしくは脱パラドクス化しているのか。教育思想史にできることがあるとすれば、教育の理論と実践にたいするこうした問いに回答し、「構造的欠如」をとおして図らずも駆動する近代教育の在り方を記述することではないだろうか。

注

(1) 筆者は、すでにドイツ田園教育舎を考察対象として第一次史料の分析を中心に詳細な検討を行ったことがある（山名 2000）。ここでは、その成果を前提としつつも、「学校共同体」を観察するための問題視角や方法論に関する議論に重きを置くことにする。そのため、第一次史料などに関する言及についてはできるだけ前著の関連箇所を示すに留めたい。

(2) 近代との関係において「アジール」を捉え直そうとする包括的な考察として、舟木徹男の論考（2010）は注目に値する。舟木は、ジラール（Girard, R.）のスケープゴート論を手がかりとして、〈暴力→供儀→報復の連鎖（供儀の危機）→暴力性からの庇護（＝「アジール」の生成）〉という流れのなかで「アジール」の原理を捉え、そうした「アジール」の誕生に市場経済が発展していく端緒を見出したうえで、近代における疑似「アジール」的な要素の拡散状況を描出しようと試みている。

(3) 「アジール」のそのような捉え方は、たとえば中沢新一による次のような文章に集約されている。「根源的自由が、さまざまなアジールの形態をとおして健全に作動している社会は、風通しがよい。そういう社会では、権力がいたるところを一色に染め上げていくことを許さない。……ところが国家を立ち上げる権力意志は、自分に突きつけられている否定性をあらわす、このアジールを憎んでいる。こうして権力とアジールとの、自由をめぐる永遠の闘いが発生するのである」（中沢 2004：95f.）

（4） こうしたこととかかわって、思想史研究上の文脈においても、「アジール」性に対する配慮という観点から近代思想を読み直す試みの重要性が示唆されていることにも目配りをしておきたい。たとえば、苅部直は、強固な国家主権の論理をつくりあげたホッブズが命令を拒んで逃亡する可能性を許容していたということに言及しつつ、国家における移動性（＝「アジール」的なるもの）を思想のなかに取り込むことの重要性を示唆している（柄谷・苅部他 2010：28f.）。また、柄谷行人は、交換様式の変化という観点から社会構成体＝世界システムの変化を論じた自らの著作『世界史の構造』（2010）について言及するなかで、アジールとは「氏族社会が国家社会になった時点で、遊動性が『抑圧されたものの回帰』として回帰したもの」（柄谷・苅部他 2010：25）と述べ、苅部とは別の観点から「アジール」という視点の重要性を強調している。以上のような観点から近代教育思想を読み直すことは一考に値する。

（5） 舟木（2007, 2010）は、興味深いことに、「アジール」概念を拡張して、「内面の『アジール』」としての個人の精神世界をも想定している。そのことによって教育の問題を論じる新たな可能性（たとえば、大人の手が届かない子どもたちの「アジール」において生じうる〈いじめ〉と彼らの「内面の『アジール』」との関係を論じること）が開かれるかもしれない。新しい議論の展開が予感されるが、そのことを本格的に論じるためにはさらに多くの準備を必要とする。

（6） 最近の研究（小林 2012）が明らかにしているように、都市の対極に想像された〈自然〉や〈田園〉を志向する学校を視野に捉えつつも、むしろその背景に退きがちであった都市の学校においても、別のかたちではあるが、教育施設を開放的かつ解放的に改革していく傾向がみられた。表層的には対極に位置しているようにみえる〈田園〉型の学校と〈都市〉型の学校は一つの連なりとして捉えることもでき、おそらく鉄道を介してつながれるより大きなアークテクチャの部分として観察し直されるのではないだろうか（山名 2013）。

（7）「新教育」に関する筆者の理解について、より詳しくは山名 2009を参照されたい。

（8）学校の〈差異〉構造という表現をここで用いる場合、そこで意識されているのは、ルーマン（Luhmann, N.）の学校観である（Luhmann 1987）。ルーマンの示唆にもとづいて私が着目しているのは、教育の場面における複雑性を縮減するために、学校が空間、時間、人間関係、規則などの多様な次元において、他の社会状況ではみられないような〈差異〉（＝心的オートポイエーシスとしての子どもの外部にあって内部の再構築を促すような諸契機）の集積によって形成されている、ということである（山名 2004：177）。

（9）周知のとおり、この次元における子どもの「アジール」に対する評価は、さまざまであった。学校に象徴されるような子どもたちを保護する〈囲い〉の拡張は、ド・モース（de Mause, L.）によって子どもたちがより大きな暴力にさらされた悲劇的な状況として否定的に論じられ、またそれとは逆に、アリエス（Ariès, Ph.）によって大人との熱い共同体のなかにいた幸福な状況として肯定的に眺められた。

（10）子どもたちの「裏面生活」が可能であるような自生的な「アジール」を容認する「学校共同体」の論理は、ある種のしたたかさを備えているように思われる。組織の秩序維持のためという理由によってではなく、生徒の「自由」と「自己活動」を尊重するためという「子ども中心主義」的な理由によって正当化されるのである。「リーツの元生徒であり、彼の後継者でもあったマイスナー（Meißner, E.）は、次のように記述している。「リーツは、正統な学校教育の領域に関する非常に精密なイメージを抱いていた。いわば、多くのことが記入され、書き入れ可能なかぎりの道が示された一つの地図を、彼は目前に思い浮かべていたのである。この地図には、けれども、空白もあった。『立ち入り禁止地区』もそこにはあったのである。最も重要な立ち入り禁止地区としては、教育に関する責任とは無縁な空間があった。このことで次のようなことが理解される。若人たちには、彼らが主人でいられるような場、学校側が干渉しない場が残されていなければならない」（Meißner 1965：57）。

（11）関根宏朗もまた、ドイツ田園教育舎に関する拙稿に言及しつつ、「自律と他律をめぐるカント的パラドクスをある意味において乗り越え」（関根 2011：41）るような教育環境の設計の可能性について論じている。
（12）長尾十三二の監修による『世界新教育運動選書』（1983-1990）は、出版物の次元でこのことを端的に示している。
（13）オーデンヴァルト校におけるこの事件およびそれに対する教育学的反応については、Ullrich 2010を参照。
（14）教育領域におけるそうした侵害に対抗する術を子どもたちがどのように習得できるのかという問いに対して、テノルトは次のように回答している。「学校では、言葉のうえでも、また行動のうえでも、開かれたコミュニケーションと可逆性の原理を広めるべきです。教師が児童・生徒に対して選択する言語と行為を、児童・生徒も教師に対して選択することができなければなりません。人間関係の規則、合意、承認が築かれる必要があります。それによって、子どもたちは行き過ぎたことに対して安全に守られているという感情を強めていくことができ、そうして歩み寄ることができるようになるのです」（Tenorth 2010：3）。
（15）「アジール」に関する議論においてよくみられる一つの結論は、たとえば網野・中沢にその典型をみることができるような近代批判の色を帯びた「アジール」論においてみられるように、「アジール」を反権力や反制度の要として意味づけるというものである。だが、少なくとも「学校共同体」を念頭に置くかぎり、権力や制度との距離は、近代における計画的な「アジール」の決定的な基準にはなりそうもない。この「アジール」は、〈制度からの避難〉であると同時に〈制度への避難〉でもあり、〈権力からの避難〉であると同時に〈権力への避難〉でもあるからだ。したがって、価値を帯びた概念として「アジール」を称揚することをここでは回避する。

文献

阿部謹也（1978）「アジールの思想」『世界』第三八七号、三六－三九頁。

阿部謹也（1979）「ドイツ中世後期におけるアジール」栗原福也他編『ヨーロッパ――経済・社会・文化』創文社（阿部謹也（一九八五年）『歴史と叙述――社会史への道』人文書院に再録）。
網野善彦（1978）『無縁・公界・楽――日本中世の自由と平和』平凡社。
Bolz, N.（1997）: *Die Sinngesellschaft.* Düsseldorf. = 村上淳一訳（1998）『意味に餓える社会』東京大学出版会。
舟木徹男（2007）「退行の病理――アジールとしての空想という視点から」『精神分析&人間存在分析』第一五号、七九‐一〇一頁。
舟木徹男（2010）「アジールの近代」O・ヘンスラー／舟木徹男訳『アジール――その歴史と諸形態』国書刊行会、二二一‐二八八頁。
Goffman, E.（1961）: *Asylums: Essays on the Social Situation of Mental Patients and Other Inmates.* New York : Anchor Books. = 石黒毅訳（1984）『アサイラム――施設被収容者の日常世界』誠信書房。
Heinritz, R.／Heim, D.（1995）: 〉*Samen meines spaeteren Lebens*〈（W.Benjamin）. *Die Reformschule Haubinda und die Literatur.* Bamberg.
Henssler, O.（1954）: *Formen des Asylrechts und ihre Verbreitung bei den Germanen.* Frankfurt a.M. = 舟木徹男訳（2010）『アジール――その歴史と諸形態』国書刊行会。
今井康雄（1998）『ヴァルター・ベンヤミンの教育思想――メディアのなかの教育』世織書房。
柄谷行人・大澤真幸・苅部直・島田裕巳・高澤秀次（2010）「可能なる世界同時革命――抑圧されたコミュニズムの回帰」『ａｔプラス』第六号、一〇‐三九頁。
Luhmann, N.（1987）: Strukturelle Defizite: Bemerkungen zur systemtheoretischen Analyse der Erziehungswesens. In: Oelkers, J./Tenorth, H.-E.(Hrsg.): *Pädagogik, Erziehungswissenschaft und Systemtheorie.* Weinheim, S.57-75.
Meißner, E.(1965): *Asketische Erziehung. Hermann Lietz und seine Pädagogik. Ein Versuch kritischer*

Überprüfung. Weinheim.

長岡利貞（2010）『電話相談——現代のアジール』ほんの森出版。

中森弘樹（2012）「網野善彦——『無縁』の否定を超えて」大澤真幸編『3・11後の思想家25』左右社、一七三-一八四頁。

長尾十三二監修（1983-1990）『世界新教育運動選書』全三〇巻、別巻全三巻、明治図書出版。

中沢新一（2004）『僕の叔父さん　網野善彦』集英社。

夏目琢史（2009）『アジールの日本史』同成社。

松下良平（2010）「新教育の彼方へ——学ぶこと・教えることの新たなヴィジョンに向けて」『教育思想史コメンタール』（『近代教育フォーラム』別冊）、一三九-一五二頁。

Oelkers, J.（2010）: Landerziehungsheime. Was bleibt von der Reformpädagogik? In: *FAZ.NET* vom 16. März 2010.
（http://www.faz.net/s/RubCF3AEB154CE64960822FA5429A182360/Doc~E9531DBB733AA4DFC85370A33C355D09D~ATpl~Ecommon~Scontent.html）

Oelker, J./Tenorth, H.-E.（2011）: Pro und Kontra: Brauchen wir heute noch Reformpädagogik? In: *GEW*, 04.06.2011.
（http://www.gew.de/Pro_und_Kontra_Reformpaedagogik.html）.

関根宏朗（2011）「自律と他律のあいだで——土居健郎の『甘え』理論における能動性の問題」東京大学大学院教育学研究科基礎教育学研究室編『研究室紀要』、三九-四六頁。

Spencer Braun, G.（1969）: *Laws of Form*. London.＝大澤真幸・宮台真司訳（1987）『形式の法則』朝日出版社。

Speyer, W.（1922）: *Schwermut der Jahreszeiten*. Berlin.

Tenorth, H.-E.(2010): Missbrauchsfälle: Liebe ja, Sexualität nein（Interview mit H.-E. Tenorth von

Feldrapp,M., In: *DIE WELT ONLINE*, 11.03.2010, S.3.

（http://www.welt.de/vermischtes/article6733916/Liebe-ja-Sexualitaet-nein.html）

Ullrich, H.（2010）: Das große Erbe der Reformpädaogik und die schwere Last des sexuellen Missbrauxchs. In: *Jahrbuch für Historische Bildungsforschung*. Bd.6, S. 322-343.

矢野智司（2008）『贈与と交換の教育学――漱石、賢治と純粋贈与のレッスン』東京大学出版会。

山名淳（2000）『ドイツ田園教育舎研究――「田園」型寄宿制小学校の秩序形成』風間書房。

山名淳（2004）「教育システムの『構造的欠如』とは何か」田中智志・山名淳編『教育人間論のルーマン』勁草書房、一五九－一八二頁。

山名淳（2009）「ヘルバルトから新教育へ」『教育思想史』有斐閣、一八三－二〇三頁。

Yamana, J.（2011）: Reformpädagogik als Metamorphose der Schulen durch die Dynamik des "Re-entry": Zur Selbstkritik der Analyse Deutscher Landerziehungsheime. In: Keiner, E. u.a.（Hrsg.）: *Metamorphosen der Bildung. Historie-Empirie - Theorie*. Bad Heilbrunn, S.369-380.

山名淳（2013）「書評　小林正泰『関東大震災と「復興小学校」』」『教育学研究』第八〇巻第四号、五一五－五一七頁。

山﨑洋子・宮本健市郎・山名淳・渡邊隆信・平野正久（2002）『新教育運動における「共同体」形成論の出現と「学級」概念の変容に関する比較史的研究』（平成一一－一三年度科学研究費補助金基盤研究（c）（1）研究成果報告書）。

渡邊隆信（2000）「田園教育舎運動の史的再構成――『ドイツ自由学校連盟』の創設と活動に着目して」『教育学研究』第六七巻第三号、三二一－三三二頁。
N.N.（o.J.（1902））: Aus dem Tagebuch eines Knaben. In: Mendelssohn,E.v. u.a.（Hrsg.）: *D.L.E.H. Monatsschrift. Haubinda*. Nr.1（privat gedruckt）. Hildburghausen, S.3.

Intermezzo 3　規律訓練論の先を思い描く

一九八〇年代後半から九〇年代にかけて、フーコーの影響を受けて、規律訓練論的な、とでも形容すべき学校空間論が展開された。そこで示された学校観はおおよそ以下のようにまとめることができるのではないか。学校はまなざしによる権力空間である。学校机と学校椅子の配置によって形成される構造によって、教師からすべての児童・生徒を見渡すことができ、また逆に、すべての児童・生徒からも教師がみられるようになっている。そのような視覚的な構造は、イギリスの思想家ベンサムが刑務所などのために考案したパノプティコン（一望監視型建築）の原理を共有しており、ひいては近代社会の管理システムの一部をなしている、と。

以上のような学校の規律訓練論的な解釈に対しては、これまでさまざまな方向から疑問が投げかけられてきた。理論の不十分さが（教育のネガティヴな側面を強調するあまりに教育に関する包括的な視野を失っていた、あるいはフーコーの理論を矮小化していた、など）、実践との乖離が（学校＝監獄論が隆盛の頃、教育の現場では「学級崩壊」に象徴されるように規律化されない子どもたちがむしろ問題であった）、また社会全体の急激な変化にともなうグランドセオリーとしての地位の喪失が（規律訓練論では「環境管理型権力」的社会の特徴を捉えられない）、語られるようになった。今日においては、規律訓練論に言及すること自体が時代遅れとみなされているかのように感じられることさえある。

フーコーの思想が日本の教育学に徐々に影響を与え始めていたころに、私は大学院生時代を過ごした。それ以降、彼の影響を受けた規律訓練論のいわばレンズをとおして学校空間とその歴史を眺めることに慣れていったように思う。たとえば、日本の学校空間。先行研究の成果によれば、一九・二〇世紀転換期あたりまでに、西欧型の学校が徐々に日本社会に浸透していった。学校建築の規格が定められるようになり、それとともに日本のいたるところで同じような学校空間がつくられるようになった。天神机と呼ばれる正座用の机は、西欧風の机と椅子へと交換され、西欧の学校においてと同様に、教師と児童が対面するかたちに配列された。そのことによって、学校空間に〈見通し性〉の構造ができあがり、それが教育の場に秩序と規律がもたらされる前提となっていった、というふうに。

日本において西洋の学校空間の忠実なコピーができあがった、というわけではもちろんない。たとえば、日本では、室内に入るときに外用の履物を脱ぐ習慣が学校にも反映して、履き替えのために特別に用意された場所（昇降口）ができた。また、明治期から第二次世界大戦の終わりまで、天皇皇后両陛下の「御真影」および教育勅語を収める奉安殿が設えられた。さらに、日本の学校には広い運動場が設えられるようになった。

ただ、ひとたび規律訓練論のレンズが形成されると、往々にしてそれをとおして学校空間の日本的なバリエーションをも眺めるかまえのようなものができあがるようになる。少なくとも、私の場合はそうであった。さらに、そのようなかまえを共有する先行研究がますます敏感に考察のアンテナに捉えられ、それによって規律訓練論的な学校空間観が強化された。

たとえば、昇降口。多くの学校では、教師や来客のための昇降口が学校の中央にあり、児童・生徒用の昇降口は、建物の側面などに位置していた。男児と女児の昇降口が別々の学校もあった。つまり、この空間はしばしばステイタスや性別の区別ともかかわっていた。児童・生徒たちは、日常的に登校と下校を繰り返すという身体活動によって、この区別を自明のものとして受け入れていったのではないか、と。

あるいは、奉安殿。四大節のような重要とみなされた祝賀式典では、教職員も児童・生徒も、奉安殿に収められた御真影に最敬礼し、また教育勅語を奉読した。日常的にも、奉安殿の前で服装を正して最敬礼することが求められた。教師と児童・生徒の序列と相俟って、日本ではそのようにして空間的にも二重に序列化されていたのではないか、と。

さらには、運動場。明治時代の後期から日本の学校で運動場が付設された理由の一つは、この時期に就学率が急速に高まり、運動会を行うための空間として大きな運動場が必要になったことにあるとされる。運動会は、一方において、日本人の身体の強度を高めるという政治的な意図によって上（政府の側）から要請され、他方において、祝祭を好む日本人の傾向によっていわば下（民衆の側）から支えられて成立した（吉見 1994）。つまり、学校の運動場は、上部からも下部からも支持されるような規律システムの一部として機能したのだ、と。

そのような規律訓練論に結びついた学校の批判的解釈に対しては、最初に示唆したとおり、今日にいたるまでにさまざまなかたちで疑義が差し挟まれるようになった。ここではさしあたり教育学内の議論に限定してみよう。たとえば、教育社会学者の藤田英典は、教育哲学の領域において、脱学校論や学校批判論が盛んになった頃から教育の統制機能・構造に関する論考が急増したことにふれつつ、「それらの研究・言説に関する批判的・反省的な研究・論考は極めて少なく、特に日本では、当時の管理主義教育や校内暴力・いじめ・不登校などへの批判的言説の流行とも相俟って、学校教育の正統性や機能基盤を揺るがし破壊するだけの言説が際立っていた」（藤田 2009：36）と指摘している。

広田照幸も、一九八〇年代あたりから教育哲学の領域を中心として学校批判が先行し、学校教育の目的を語る前向きな言説が背景に退いていることに疑問を投げかけている。「現代の教育哲学者が、教育の目的について語ることに臆病なのは、一九八〇‐九〇年代にポストモダン論が流行したことの影響があるかもしれない。近代教育学は、普遍的な基礎づけを探してきた。……ポストモダン論は、そうした知が絶対的な根拠をもたないことを明るみに出してしまったからである」（広田 2009：112）。そのような現状診断にもとづいて広田が教育哲学者を誘おうとしているのは、「学校教育がめざすべき方向」について語ることであった。

積極的な方向で教育について語らないと藤田や広田が名指しで批判した教育哲学の領域をあらためて見直してみると、すでにゼロ年代に入ってまもなくして今井康雄が教育哲学という学問ディシプリンの自己批判を込めて、次のような戸惑いを吐露していたことが目に止まる。今井によれば、「ポストモダン」が日常化した今日の状況においては「批判や暴露は教育学という『業界』で流通している常識を補強するための日常業務と化して」（今井 2001：48）しまう。「こうして教育学は、いまやルーティーンワークとなった批判・暴露に従事するか、それとも教育の実定性に居直る――教育のシステムが維持されている以上そこには当然何らかの正当性があるはずだと信じて実務的な問題の解決に専念する――か、というかなり不毛な二者択一の前に立たされるわけである」。

今井が想定する「不毛な二者択一」を前にした状況を意識するとき、学校空間に関してなおどのようなことが語られうるだろうか。学校空間論を救済するためにすぐに思いつくことのできる一つの道筋は、規律空間としての学校という捉え方からこぼれ落ちるようなことに、すなわち学校空間に開放性を付与しようとする試みの系譜の方に注目する、というものである。一九六〇年代にイギリスで生じた学校建築の改革が一九七〇年代にはヨーロッパの他の国々やアメリカ合衆国にも影響を与え、それによって、学校空間の機能的高度化が図られるようになった。そのような流れのなかで、日本でも「『閉じた教室におけるクラス単位の一斉進度・画一授業』の硬直化した姿に対する反省」（上野 2008：22）の気運が高まり、一九七〇年代後半から一九八〇年代にかけて、いわゆる「オープンスクール」運動が生じた。

宮崎俊明は、そのようなタイプの学校を「ポストモダン学校建築」と名づけて、次のように述べている。「学校は、兵舎であってはならないし、フーコーが説明する意味における監獄であってはならない。近代学校が何重もの意味において規律に関するヒエラルキーのシステムであるとすれば、『ポストモダン』は、あきらかにそのようなシステムに対するルサンチマンを含み込んでいるのだ。ポストモダンが学校建築に関して実際に実践的に意義のあるものになるためには、ポストモダンは学校の均一化されて閉鎖的となった空間を開いていかねばならない」（Miyazaki 1994：26）。今井が近代教育に関する思考の隘路の元凶とみなした「ポストモダン」を、宮崎は近代へのとらわれからの解放の契機とみなし、そこに近代的な学校空間の閉鎖性を解消もしくは軽減する可能性を見出そうとしている。

そのような見地に立てば、大正期を中心とした「新教育」の時代にそのような学校空間のオープン化の先駆けとも呼べそうな数々の試みがなされていたことが思い起こされるかもしれない。この時代には、たとえば学校の入り口であり出口であった先述の昇降口がクラス・ルームに設えられており、それによって、内部空間と外部空間との区分を緩やかにする試みがみられた。また、クラス・ルームにおいて複数の黒板が使用されることによって、教師中心の〈見通し性〉構造が弱められ、そのことによって子どもたちが活動の主役となる余地をつくりだすという戦略も試みられていた。さらに、学校の敷地に自然環境的要素——林や野原や小川など——を取り込むことによって、建築外部の空間と外部の空間とを結びつけていく戦略をとる教育施設も、この時期に多く建てられた。「オープン・エア・スクール」（第四章を参照）の誕生である。

学校空間を開放的にするための要素は、あるときは「ポストモダン」と呼ばれ、あるときは「自然」と呼ばれ、またあるときは「伝統」、「土着」、「生活」、「共同体」、「郷土」、「生活世界」などのさまざまな名称とともに思い描かれてきた。それらの要素が硬直化した近代学校の硬直した構造を突き崩す。そのような対抗的な構図は、なるほど学校空間の閉鎖性から開放性へといたる教育の肯定的な物語を生み出すことだろう。だが、そのことによって、私たちは「不毛な二者択一」状態から抜け出したことになるのだろうか。

〈閉鎖性／開放性〉という二項図式を前提としつつ、一方に問題の多い現状を、他方に到達すべき理想状況を割り当てて、前者から後者への移行として学校空間の変化を思い描くとき、学校空間の話題はそこで終息してしまいがちである。そのような対抗図式的な解釈は、まずは〈開放性〉を重視して学校空間を改革しようとする当事者による自己正当化の論理である。そして、〈閉鎖性〉と〈開放性〉という二項図式は、他の二項図式——他律と自律、抑圧と解放、大人中心と子ども中心、客体と主体、中心と周辺、人工と自然——と結びつけられやすい。結果として、そのような解釈は、それぞれの二項図式において両極をなす二つの要素のたえざる拮抗というイメージ、もしくは各二項図式における後者による前者の克服という統制理念的なイメージ以上のものをもたらしはしない。

私たちは、学校空間論のゴールに到達したのではなく、ようやくここで学校空間とは何かを本格的に論じる地点に辿り着いたにすぎないのではないか。「ポストモダン」の学校建築にしても、その先駆としての「オープン・エア・スクール」にしても、近代的な学校空間の構造を半ば意図的に緩やかにしたり、あるいはその一部を除去したりすることがそこでは試みられている。その場合、学校は、自らの構造によって維持されていたはずの秩序や規律を賭してまで何かを求めているのである。そのときに求められているものは何か。学校の構造を崩したときに立ち現れる新たな構造とはどのようなものか。その構造はこれまでどのように変遷してきたのか、またこれからどのように変化していくのか。そのような構造の変化によって生み出されるのは、教師と児童・生徒が織りなす新たな力動的な秩序の可能性か、それとも別の何ものかであるのか。「ポストモダン」――それを肯定的なものとみなすにしろ、あるいは否定的にみるにしろ――について語られた地点とは、学校空間をめぐるそうした問いが溢れる地点でもある。

そのような諸々の問いは、〈教育的保護〉をめぐって本書の冒頭で設定した問題の学校バージョンに他ならない。〈閉鎖性〉と〈開放性〉の両極の間に生じる直線的な図式に代えて、両者が循環的に学校空間という文化の内部へと織り込まれていく力動性を捉えることはできないか。規律訓練論を回避することによってではなく、そこを突き抜けて学校空間やその外部に広がる空間についてさらに論じることによって、あの「不毛な二者択一」状態を乗り越えることはできないか。「埋め合わせ」、「リエントリー」、「アジール」など、教育学では新奇といわざるをえない概念をアーキテクチャとの関連において本書に導入したのは、そのような方途の可能性を探るためでもあった。こうした考察が教育の積極的な議論をもたらすかどうかは、目下のところ判然としない。だが、少なくとも「学校教育の正統性や機能基盤を揺るがし破壊するだけの言説」を生み出すわけではないことだけはたしかである。本書においてはドイツをとりあげたが、日本を含む他の国々における学校内外の空間もまたそのような問題視角からあらためて観察してみることはできないだろうか。

文献

M・フーコー／田村俶訳（1977）『監獄の誕生』新潮社。

藤田英典（2009）「現代の教育改革と教育哲学研究（者）に期待されるもの」『教育哲学研究』第九九号、三六－三七頁。

広田照幸（2009）『教育』岩波書店。

今井康雄（2001）「教育学の『ポストモダン』体験」増渕幸男・森田尚人編『現代教育学の地平――ポストモダニズムを超えて』南窓社、三八－五二頁。

Miyazaki, T. (1994) : Schulbau und Schulbaudiskussion in Japan. In: *Bildung und Erziehung*. 49, S.19-28.

上野淳（2008）『学校建築ルネサンス』鹿島出版会。

吉見俊哉（1994）「運動会の思想――明治日本と祝祭文化」『思想』第八四五号、一三七－一六二頁。

第五章　文化のアイロニーに装飾が挑む
——芸術家フンデルトヴァッサーの建築思想

1　フンデルトヴァッサーの学校

1　されどファサード

建築には表情がある。もちろん、これはたとえであって、目や鼻や口に似た部位が建築に備わっているという意味ではない。そのような部位が織りなす人間の表情が喜怒哀楽の感情をあらわすように、建築を構成する各部分の形状、質感、色彩などがその建造物に独特の印象を与え、また眺める者に快・不快をはじめとするさまざまな感覚を引き起こす。

私たちが建築の表情を感知する際にまず手がかりにしているのは、やはりファサードだろう。ファサード、つまり建築の表層は、文字通り、空間の表面的な要素である。たとえば、学校建築。毎日子どもたちが通う学校という場の第一印象がこの表層によって大きく左右されるとすれば、普段私たちが意識している以上に、ファサードの重要性は大きいのかもしれない。建築の場合、人間とは異なって、表情を変えることはない。喜びの表情をもつ建築はいつ訪れても喜びの表情で迎えてくれるが、怒りの表情をもつ建築は変わらぬ怒りの顔を私たちに投げかける。されどファサード、というべきだろうか。

そのような学校の外観の重要性については、すでに教育に関する古典思想家たちによっても指摘されている。たとえば、コメニウス（Comenius, J. A.）が『大教授学』（一六五七年）のなかで、「学校自体が、その内も外も、見る目によろこびを与えるような楽しい場所でなくてはなりません」（コメニウス 1962：175）と述べたのは一七世紀のことであった。そのような意味でいえば、学校のファサードに注目することは、それほど目新しいことではない。とはいえ、ファサードの教育学的分析が実証的に試みられるようになったのは、比較的最近になってからのことである。たとえば、リッテルマイヤー（Rittelmeyer, Ch.）は、ドイツにおける五〇〇人以上の生徒たちを対象にして学校建築の形状および色彩が彼らに及ぼす影響を調査したが、彼がそれを公にしたのは、ようやく一九九〇年代になってからのことであった。

リッテルマイヤーは、実証的な研究の成果を提示した後で、子どもたちからの評判がよくない学校建築について次のように述べている。

「多くの学校建築に対する根本的な批判は……建築の単調さ、硬直性、冗長さなどと関係している。単調なファサードや教室空間形態、『木理』のないコンクリート床、長い一続きのいつも代わり映えのしない窓や書架、変化のないファサードの外装、際限ないように続く白色に保たれた廊下は、視覚機能や均衡感覚をほとんど挑発することがない」(Rittelmeyer 1994: 50)。

こうした見解は、ドイツのみならず、日本も含めて西洋の教育制度から影響を受けたところならどこにでもありそうな箱型の学校建築に対する物足りなさや不平を象徴的に示している。そのような学校建築のステレオタイプをどのように崩していくか(1)。学校建築改革における一つの課題は、そのような問いをめぐって、まずはあれこれと試行錯誤を繰り返すことにあるのではないか。

本章の目的は、そのような関心の延長線上でたとえば学校のファサードに関する実証研究を発展させるといったことにはないし(2)、また学校建築の推奨されるべきモデルを提示することなどでもない。私が必ずしも得意としているわけではないそのような方向の議論に代えて、ここで試みてみたいのは、非現実を現実にしてしまったような学校建築とその創案者をとりあげることによって、アーキテクチャというテーマにも関連するような思考実験を行うことである。ここで注目する学校は、眺める者の視覚機能や均衡感覚を極度に刺激し、挑発するような建築物である。あとでみるように、この学校のデザインを手がけた人物は、独特のファサードをとおして、そのなかで活動する子どもたちによい影響を与えようとした。その学校は、いったいどのような外観を有しているのだろうか。まずはこのあたりから話を進めてみたい。

1　フンデルトヴァッサーの学校

2　ルター・ギムナジウム――反「合理主義」と子どもとの遭遇

刺激的で、挑発的なファサードを有するその学校は、ドイツのヴィッテンベルクにある。ドイツ東部、エルベ川沿いにある人口約五万人の小さな街で、ルターの宗教改革運動の中心地であったことでよく知られる。この学校は、よく知れ渡ったこの歴史的な人物の名を冠して「マルティン・ルター・ギムナジウム」（以下、ルター・ギムナジウム）という名称をもつ（図5－1）。

ルター・ギムナジウムの特徴は、何よりも観る者を驚かせる外観の奇抜さにある。窓はそれぞれ不規則な形をしており、おなじみの長方形もあれば、円形もあり、また半円形もある。大きさも同じわけではない。そうしたさまざまの窓が色彩豊かに枠づけられており、白色を基調としたファサードを賑やかなものにしてくれている。いくつかの窓からは、なんと樹木が部屋の内側から外側へと突き出ている。また、屋上には腐植土が敷き詰められ、その上に緑地が形成されている。屋根にはさらに複数のドームがつくられており、そのどれをとっても同じものはない。玉葱型の尖塔あり、巨大な太鼓のような形をしたドームあり、またプラネタリウムを思い起こさせる白色のドームもある。それらの間には、いくつかの色鮮やかな陶板張りの飾柱も立っている。もともとこの建物の輪郭をなしていたであろう直線は、波打つ曲線によってカムフラージュされている。

ルター・ギムナジウムの外観は、創案者の構想と比べれば、それでも予算の関係でいくらか地味に仕上がったらしい。とはいえ、おおよそ学校に似つかわしくないという印象を私たちに抱かせる

図5-1　フンデルトヴァッサーの建築案にもとづいて改築されたルター・ギムナジウム（ヴィッテンベルク）（2001年7月20日、筆者撮影）

には十分なほどの奇抜さをこの学校が備えていることは疑いない。「これは学校だ」ということをあらかじめ知っていなければ、この建造物を学校として認知することはおそらく困難であろう。周辺の凡庸な風景が、またこの建物の奇抜さをいっそう際立たせている。空間がこの建造物の辺りだけ、どこかねじ曲げられているような感覚に観察者は陥るかもしれない。まるでそこだけが異空間と化しているような印象さえ抱かせるのだ。

創案者の名前はフンデルトヴァッサー（Hundertwasser, Fr.）という。オーストリアの有名な芸術家である。彼は、絵画七〇〇点以上、版画一〇〇点以上を世に出し、五五歳を過ぎた頃からは建築の領域にも進出し始めた。五〇件以上の建築プロジェクトが彼によって立ち上げられ、そのうちのおよそ半分は実現にいたっている。建築は、芸術と環境とが手を携えて近代の「合理主義」的な空間構成に反旗を翻す手段として、フンデルトヴァッサーの活動のなかでも重要な意味を帯びていた (Hundertwasser 1997, 正岡 2002)。

ルター・ギムナジウムは、もともとどこにでもあるような装飾の乏しい学校建築だった。東西ドイツ統一後に改築の話がもちあがったときに、この機会を利用して学校の活力を外観に反映させ、そのことをとおして学校に集う者たちの「内的生活」にも肯定的な影響を及ぼそうというアイディアが出されたという (Landkreis Wittenberg o.J.: 10f., Sandau/Kirchner 2000 : 1)。そのような考えにもとづいて、まず学校の子どもたちが思い思いに理想の学校を絵に描いてみるという試みが行われた。子どもたちの絵がフンデルトヴァッサーの建築芸術を想起させる類のものであったことがきっかけとなって、彼に手紙を出して新しい学校建築案の作成を依頼することになった。趣旨に賛同した彼は、無償でこの仕事を引き受けた。

フンデルトヴァッサーは、学校建築一般について、否定的に次のように述べている。「子どもたちは、彼らの最も価値ある時期である少年少女期や発達の著しい年代を、刑務所……に似た建築のなかで過ごしている」(Hundertwasser 1997 : 246)。そう表現することによって彼が示そうとした学校のイメージは、たとえば改築前のルター・ギムナジウムのように、機能にかかわらない要素を無駄なものとみなして空間から排除してできあがった無味乾燥な直方体の建造物であったにちがいない。こうした直方体の建築物こそ、まさに彼が批判の矛先を向けようとしたアーキテクチャであった。改築に際して、フンデルトヴァッサーは、緑地、窓の多様性、ファサードの色彩、そして曲線を武器にしてその外観を変容させた。そのような試みは、彼にとっては広い意味での空間的な〈開放〉戦略であったといえる。それはまた、子どもたちを閉じた学校空間から解き放つという意味においては、〈解放〉戦略でもあった。(3)

かたや、その直方体のなかで多くの時間を過ごしていた子どもたちは、彼らの絵画をとおして学校の凡庸な形状を想念のうえで破壊しようとした。子どもたちが理想とする学校建築のイメージがフンデルトヴァッサーの芸術と類似していたという偶然が、両者を結果的に結びつけたといえる。けれども、それは実のところ単なる偶然ではなく、〈解放〉の手助けをしたいという芸術家の願望と〈解放〉されたいという子どもたちの希望とが密かに共鳴していたのだといえなくもない。この共鳴は、ここでとりあげたルター・ギムナジウムにのみ限定されることではなく、近代的な学校が普及している地域ならどこでも潜在的には起こりうるかもしれない。

それにしても、たんにきれいなだけならほかにもたくさんの学校建築がある。ルター・ギムナジウムと同様に色彩豊かな学校も探せば別にあるだろう。心を和ませてくれることを目的とする校舎なら、むしろフンデルトヴァッサー以外の手によるいくつかの学校建築を挙げるべきかもしれない。彼の学校建築は、けれどもそうした他の学校建築とはどこか異なっている。色鮮やかで、意表をつき、何かしら猥雑でグロテスクで性的な印象さえ与える建築。おしとやかなアーキテクチャとはほど遠い挑戦的な感じのする建築。人を魅了することもあるが、好みによっては拒絶感を与えるかもしれない建築。そのような建築の背後に、フンデルトヴァッサーという芸術家のどのような思考が隠されているのだろうか。

2　「建築の医師」がみたユートピア

1　丸裸の講演――あるいは五種類の皮膚

フンデルトヴァッサーに関する書物によく収められている最も衝撃的な写真の一つは、まちがいなく彼が一糸まとわぬ姿で講演をしている光景を写したものであろう。一九六七年と一九六八年に催された「裸の演説」というこの有名なパフォーマンスは、たとえば一九・二〇世紀転換期に裸で日常生活を営もうとした生（生活）改革者たちを彷彿とさせる。彼らもまた、フンデルトヴァッサーと同様に、都市の相貌を嫌悪していた。両者の相違は、生活改革者たちの多くが都市のアーキテクチャを捨てて自然環境へと回帰していったのに対して、フンデルトヴァッサーはアーキテクチャそのものによる抵抗を明確に打ち出した点にある。

一九六八年一月二六日の「裸の演説」に関する覚え書きには、次のように書かれている。

「人間は三つの層によって包まれている、と私は確信する。つまり、皮膚、衣服、そして建築である。衣服と建築は、ここ数世紀の間に発展し、もはや自然や個々人の欲求にそうものではなくなってしまった。……建築領域のそのような状況に対する抵抗に有効であるのは、色彩のデモンストレーションであり、衣服による暴力行使に対する抵抗に有効なのは、衣服を脱ぎ捨てることだ。したがって、裸で自然のままの個人が抵抗の告知者として立像のように立つべきであるし、そのような［裸の］個人は修正された建築と同等とみなされるべきであろう」（［　］内は筆者による補足）（Hundertwasser 1997：57）。

このフンデルトヴァッサーの主張は論理の飛躍に満ちているが、それだけにより直接的に彼の意志が示されているようにも思われる。こうした彼の主張をおそらく意識して、芸術評論家のレスタニー（Restany, P.）は、「皮膚」がフンデルトヴァッサーの芸術の核心をなしていることを指摘している（Restany 1998）。レスタニーによれば、建築とは、フンデルトヴァッサーにとって「第三の皮膚」である。「第一の皮膚」は生まれつきの肉体を包み込む肌であり、「第二の皮膚」は衣服である。彼は、「第二の皮膚」である衣服を脱ぎ捨てた姿で住居について語ることによって、生身の人間と建築とのアナロジカルな関係を強調しようとしたのであった。一九七二年の「窓に関する権利」以降、さらにその外側にある社会環境（人間関係）という「第四の皮膚」と地球環境という「第五の皮膚」が明確に意識されるようになった、とレスタニーは続けて述べている。建築という「第三の皮膚」は、つまり、「第一の皮膚」および「第二の皮膚」と「第四の皮膚」および「第五の皮膚」とを媒介し、内側に広がる世界と外側に広がる世界との調和的な関係を実現する鍵となる被膜として意識される、というのである。

皮膚としての建築ということについて付言しておけば、フンデルトヴァッサーは、建築を「第二の皮膚」である衣服のように身体を覆うものであると同時に、それ自体「第一の皮膚」である人肌との類推で捉えられるべきものと考えていた。彼にとって、建築の表面は人肌であり、窓は毛穴であるという。彼の建築がどこかグロテスクで、猥雑で、性的な印象さえ抱かせると先に述べたが、〈建築＝皮膚〉という彼の建築観に鑑みれば、そのような直感もあながち無根拠というわけではないだろう。

フンデルトヴァッサーは、以上のような建築観を基礎にして、アーキテクチャの表面をいわば有機的にして人工的な皮膚に仕立て上げようとした。そのために、彼は、〈建築＝皮膚〉論を明確に打ち出す以前から徐々に、彼独自の建築手法を蓄積していった。いったい、アーキテクチャに関するどのような具体的な手法が、彼のいかなる考え方にもとづいて生み出されたのだろうか。

2　フンデルトヴァッサーの抵抗戦略

フンデルトヴァッサーの芸術を特徴づけようとする表現は多様である。たとえば、フンデルトヴァッサーが多く描いた渦巻き模様について、レスタニーは次のように述べている。「フンデルトヴァッサーの渦巻き模様にはさまざまな形容が可能である。オーストリア的、ユーゲントシュティル的、バロック的、ロマネスク的、ケルト的、コプト的、メソポタミア的、マオリ的……そして宗教的。それゆえに、フンデルトヴァッサーの渦巻き模様はそれほど『自然』に、我々の心を占める多様なレベルの『無意識』が持つ無限の視点へと……我々を引きつけるのである」(Restany 1998: 10＝邦訳 18)。フンデルトヴァッサーの芸術は、多くのものに属しているようにみえるが、結局のところ何か特定のものには属していないようにもみえる。詰まるところ、彼の芸術を特徴づけようとする試みは困難に突き当たってしまう、というのである。

そうはいうものの、フンデルトヴァッサーの建築、とくにその近代空間に対する抵抗の手法という点に限定するならば、先にふれたルター・ギムナジウムをはじめとする教育施設をデザインする際にも重視されていた以下のような三点にその特徴を、まとめることができるのではないか。鍵となるのは、反直線、装飾・色彩、そして自然との境界の曖昧化である。

第一の戦略は、反直線である。一九五三年にはすでに「直線は人類を没落へと導く」(Hundertwasser 1997: 42) というテーゼを打ち出し、翌年にパリで開催された展覧会のパンフレットにこのメッセージを添えていた。「アーキテクチャにおける合理主義に対するカビ宣言」(一九五八年) が行われた後は、フンデルトヴァッサーのメッセージのなかに「直線は神への冒瀆であり、不道徳である」という一文が登場し、それ以後、よりいっそう明確に、反直線が彼の建築構想の基軸をなすようになった。ちなみに、カビとは、フンデルトヴァッサーの場合、自然の創造力のメタファーであり、抑制されない不規則性を意味していた。アーキテクチャの「合理主義」を浸食し、直線や幾何学的形象を崩していく力を備えた要素が、カビやサビやコケということで言い表されていたのである。(4) 彼は、直線によって囲まれた環境を「直線のカオス、直線のジャングル」(Hundertwasser 1997：46) と呼んで嫌悪し、絵画や版画などの芸術作品においてと同様に、建築作品においても、曲線や渦巻きを好んで用いた。

フンデルトヴァッサーの第二の戦略。それは装飾および色彩である。装飾に関連する最も有名な彼の宣言は、「ロースからの解放」(一九六八年) であろう。ロースとは、一九〇八年にユーゲントシュティルなどにおける過剰な装飾建築を批判して「装飾は犯罪である」と述べたアドルフ・ロース (Loos, A.) のことである。フンデルトヴァッサーは、「合理主義建築者」たちが建造物のファサードから装飾を取り払ってしまったことの象徴としてロースをとりあげて、彼を断罪している。「たしかに型にはまった装飾は虚偽であるが……装飾を取り払うことで住居はより誠実になったわけではない。ロースは不毛な装飾を活き活きとした生長 (成長) 物に換えるべきではなかったか」(Hundertwasser 1997：59)。フンデルトヴァッサーがそのように述べるとき、「活き活きとした生長 (成長) 物」とは、まずは植物を意味していたが、彼にとってそれは同時に、型にはまらない多様な変化をともなう装飾の象徴でもあった。

色彩については、たとえば、すでに一九五八年の「建築における合理主義に対するカビ宣言」のなかで、彼の考え方が表明されている。たとえば、次のように。「借家に住む者は、窓から身を乗り出して、(手が届く範囲で) 壁を掻き落とす可能性を保持しなければならない。そして、長い筆で (それが届く範囲において) すべてをバラ色に塗り、遠くから、そして街路からそれとわかるようにすることが住人に許可されねばならない」(Hundertwasser 1997 : 46)。この主張は、その後、「窓に関する権利/樹木に関する義務」(一九七二年)において力強く繰り返された。そのような信念にもとづいて窓枠や外壁に多様な色彩を施す手法は、先述のルター・ギムナジウムにおいても用いられているのみならず、たとえば彼の名前を冠する有名なウィーンのフンデルトヴァッサー・ハウスなどにみることができる。

最後にあげられるのは、アーキテクチャと自然との境界線を曖昧にするという特徴である。先にふれた「窓に関する権利/樹木に関する義務」においても、緑の木々を屋根の上に植えることが提唱された。「樹木の借家人(借家木)」(一九七三年)では、街路からの光景をほとんど変えない屋上の緑地化よりも「革命的」な手法として、建物の内部に植えられた樹木を窓から外側に向かって突き出すことを試みた。そのような手法は、ダルムシュタットの「ウッドスパイラル」と呼ばれるマンションやオーストリアのブルーマウにおける大型保養施設においてふんだんに用いられている。(5) こうした建物では、屋根をなだらかな緑の丘陵地に見立てる手法も採用されている。

フンデルトヴァッサーは、あらゆる建築や物品を、こうした反直線と装飾・色彩と自然との融合によって変形させようとした。家屋、ゴミ消却場、寺院、タクシー乗り場、高速道路のレストハウス、ガソリンスタンド、公衆トイレ、ホテル、病院、美術館、時計、自動車、飛行機、帆船……。そして学校。こうしてみれば、フンデルトヴァッサーの学校は、彼の壮大な空間改造計画の大切な、だがあくまでも構成要素の一つであったことがわかる。

3　味方はガウディ、敵はバウハウス

フンデルトヴァッサーが敵対視していたものが何であったのかは、興味深いことに、彼の学校建築そのものに暗示されているといえるだろう。ルター・ギムナジウムの建築モデルを提示する際に、彼は、故意に正面玄関のあるファサードの右側およそ五分の一を「美の被膜」によって覆うことをやめている。建築の「皮膚」が剝ぎ取られた部分からのぞいているのは、改築前のルター・ギムナジウムの姿である。「直線の専制」によって形成された直方体の味気ない構築物、フンデルトヴァッサーが「合理主義的」と形容した建物の典型がそこにある。学校建築のプロトタイプとも呼ぶべきそのような建築物と彼の「美の被膜」とを目にみえるかたちで対比させることによって、両者がいかに異質で混ざり合わないかということを強調しているようにみえる。

フンデルトヴァッサーの脳裏には、この双方の要素を蓄積していった歴史の足跡が、つまり、「合理主義」的な建築を推し進めた者たちの系譜とその対極にある者たちの系譜が浮かび上がっていたようだ。すでに言及した建築観にもとづいて、彼は、ほとんど無謀とも思えるほどの簡潔さをもって、アーキテクチャの「合理主義」を推進した自分の敵とそれに抵抗する自分の味方とを峻別しているのである。

フンデルトヴァッサーは、「合理主義」的建築を推進した者として、「直線的な巨大構築物を築き上げるためにパリを徹底的に破壊しようとしたル・コルビジュエ」（Hundertwasser 1997：48）、さ

らにはミース・ファン・デル・ローエ（Mies van der Rohe, L.）、ノイトラ（Neutra, R. J.）、グロピウス（Gropius, W.）、ジョンソン（Johnson, Ph.）といった人びとの名前を挙げている。こうした二〇世紀を代表する建築家たちを悪しき「合理主義」の名の下に一括りにするときに、フンデルトヴァッサーがその代名詞として頻繁に槍玉に挙げるのは、バウハウスである。

「二世代にわたるバウハウス的心性をもつ建築家たちによって、私たちの居住世界は破壊されてしまった。……バウハウス的心性とは、おおよそ次のように特徴づけられる。無感動、無感情、専制的、無情、攻撃的、平坦、不毛、非装飾的、冷淡で非ロマン主義的、匿名的、そして退屈なほどの空所。そこにみられるのは、機能性に対する幻想である」（Hundertwasser 1997 : 69f.）(6)。

それに対して、「今日の健全な模範的アーキテクチャ」の事例としてあげられているのは、バルセロナにあるガウディ（Gaudi, A.）の建築、ユーゲントシュティルの建造物、ロサンゼルス郊外にあるワッツの塔、フランスのドロームにある郵便配達人シュヴァル（Cheval, J. F.）の館などである。さらには、計算された反直線、装飾・色彩、自然との融合に配慮したそのような構築物とならんで、都市の「スラム街」、農家の屋敷や未開民族の家屋、シュレーバー庭園の小屋、オランダなどにみられるハウス・ボートなどが、理想のアーキテクチャとして無造作に並べ立てられている（Hundertwasser 1997 : 49）(7)。

3　反フンデルトヴァッサー的思考

1　皮膚を露出することと着衣すること

フンデルトヴァッサーは、上述のとおり、一方に自らが創り出す建築における肯定的な「美の被膜」があり、他方に醜としての否定されるべき建築の「合理主義」があるというふうに、単純な敵と味方の構図を思い描いていた。だが、彼が敵対しようとしていた建築の根底にあったものも、美の主張、それも彼の場合とはまったく異なった美の主張であったはずである。したがって、反フンデルトヴァッサー的とでも呼ぶべき対極の立場からの反論が、当然のことながら仮定されてよいだろう。

フンデルトヴァッサーは、先に述べたとおり、「ロースからの解放」という宣言のなかで、彼による美の構想に対する敵としてアドルフ・ロースの名前を挙げている。このロースこそ、フンデルトヴァッサーへの反論者として仮想しうる人物である。彼が生きた時代には、産業と芸術を接近させて美的な実用品を数多く製作し、その普及をとおして日常生活を美によって包囲するという考え方が生じていた。ドイツ工作連盟が掲げた理念などは、そうした考え方に影響を受けていたといえる（山名 2006：32ff.）。ロースは、そのような考え方に反旗を翻し（Loos 1908a：1908b）、実用品に芸術を融合させようとすることに、とりわけ実用的でもない装飾やフォルムを芸術から借り受けることに、大いなる抵抗を示した。そして、「文化の進化とは、実用品から装飾を取り除くということと同義である」（Loos 1962（Orig. 1908c）: 277 ＝ 邦訳 92、傍点は原典にもとづく）と主張した。[8] 装飾を取り除くことは、彼にとっては、また新たな美の条件でもあった。いうまでもなく、建築は、彼にとって「実用品（Gebrauchsgegenstände）」の一部とみなされていた。

ロースは、建築を着衣の比喩で語っていたが、このことはフンデルトヴァッサーが建築を皮膚の比喩で語ろうとしていたことと対照をなしている。すでに述べたとおり、フンデルトヴァッサーにとって、建築は「第三の皮膚」を造形することであった。衣服にしても、「第二の皮膚」として、つまり裸体を覆う生身の肌の延長とみなされていた。それに対して、ロースにとって肌をさらした状態に相当するのは、むしろ建築以前の構造化されていない空間のことであった。建築とは、むしろ、裸体を覆い隠すこと、つまり着衣することと同値とみなされていた。

以上のような相違は、両者の装飾観に影響を及ぼしている。ただし、ここであらためて確認しておかねばならないことがある。〈建築＝皮膚〉の比喩を採用したフンデルトヴァッサーが装飾を排し、〈建築＝着衣〉とみなしたロースが好んで装飾をまとうことを主張したのではない。逆である。装飾から距離を取ったのは、むしろロースの方であった。「家屋は外に向かっては沈黙」（Loos 1962（Orig. 1914）: ＝ 邦訳 152）するという「ウィーン風」の建築観を、ロースは支持した。男性の身だしなみを論じた「紳士服の流行」（Loos 1898）というエッセイのなかで、服装において重要なことは最も目立たないことであると述べていたが、それと呼応して、とりわけファサードにきらびやかな装飾を施さないことが彼の建築の一大特徴をなしていた。田中純が的確に見抜いているように、ロースがそのように内側を露出しないための〈着衣＝被覆〉を重視することの根底には、彼のダンディズムがあった(9)。

それに対して、フンデルトヴァッサーは、皮膚としての建築の表面に装飾のかぎりを尽くそうとした。すでに述べたとおり、彼は、窓を個性ある毛穴とみなしたが、その一つ一つに異なる形状と色を与えた。また、この喩えを延長すれば、例の「借家木」、つまり、窓から外部へと伸びる樹木は人毛にあたり、屋上に植えられた緑の草花や樹木は飾りつけられた頭髪のようである。あたかもボディ・ペインティングを施すかのように、彼は、躊躇することなくファサードに色彩を入れ、曲線を刻み込み、アクセサリーたるさまざまの形のドームを屋上に設えた。

こうした建築観および装飾観の相違は、さらに、両者における美の魅力に関する考え方に決定的な質の相違を与えている。フンデルトヴァッサーにとっては、美をとおして建築の皮膚を演出し、さらにはその内部を表出させることが重要であった。レスタニーが指摘しているように、フンデルトヴァッサーにみられる五つの皮膚の最も内側、つまり、「第一の皮膚」たる生身の肌の内側には、さらに人間の内奥へと広がる精神世界が思い描かれていた（Restany 1998：10＝邦訳 10）。彼が好んで描く渦巻き模様は、一番外側にある意識の層が相互に重なり合いながら内部に向かっている様子、またその中心に自己の「内的存在」が潜んでいる様子をあらわしているという。建築することは、したがって、皮膚を露出させることのみならず、そこに住む人々の皮膚の内側に想定される「内的存在」との連なりを表面に浮き立たせることでもあった。フンデルトヴァッサーは、肌とその内部に潜むものを剝き出しにできることにこそ、建築の魅力を感じ取っていた。装飾とは、こうした肌とその内部を表現するための不可欠な演出的要素にほかならなかった。

ロースは、そのような装飾が人間内部（彼にとってそれは何よりも欲望であったのだが）の表出であるという認識においては、おそらくフンデルトヴァッサーとそう遠いところにいたわけではなかった。異なっていたのは、ロースが自らの美学にしたがって皮膚とその内側に秘められた欲望の表出を拒否していたことだ。彼によれば、装飾は欲望（とりわけエロティックな欲望）の表れである。「文化の進歩」によって装飾が消失し、身の周りの物から装飾によって露わにされていた「過剰なもの」が取り除かれていくことにこそ、彼は、芸術の昇華作用を見出していた。装飾の除去は、ただし、人間の内なるものを抑圧するということを意味しない。生身の皮膚を目立たぬ服装によって覆うことが裸体という謎を生み出すように、内部を装飾のない目立たぬファサードによって被覆することは、逆説的に人間の内なる何ものかをつくりだし、そのことによって人びとを建築に惹きつける。こうした思考法は、内面の露出こそが美の重要な任務としていたフンデルトヴァッサーの思考法と著しい対照をなしている。

2　住人による創造の余地

最後に、フンデルトヴァッサーとロースは、住人に対する配慮のあり方においても大きく異なっている。この点に関してロースにとって重要であったのは、一言でいえば、住人による創造の余地を残すことであった。田中純によれば、「一人の建築家が一つの固定した様式……でその細部まで支配しようとすることをロースは厳しく禁じた」（田中 2003：56）という。なぜなら、「住人がそこに住みはじめるとともに、家は彼らとコミュニケーションを繰り返しながら、徐々に変容していく」のであり、したがって、住人が「彼らの言葉をその空間に書き記し、家を作り上げていく」余地を建築に残していくことこそが、ロースによって重要とみなされたからだ。住人による創造の余地を残すという配慮は、彼がファサードから余分な装飾を取り払うことを主張したこととおそらく無縁ではないだろう。

フンデルトヴァッサーもまた、住人が有するべき創造の権利を尊重していた人物であった。ただし、住人自身による創造の余地を確保しようとしたロースとは異なって、フンデルトヴァッサーは、建築の形状、色彩・装飾に関して住人が有しているはずの志向性を先取りし、住人を代理して具体的な形状や色彩や装飾に対する配慮をファサードに施していった。そのきらびやかな外観にもかかわらず、彼の建築物は、フンデルトヴァッサー風とでも呼べるような一つの形式を備えており、その形式の有効性をいわば住人に成り代わってあらゆる建築領域で主張するのである。フンデルトヴァッサーにみられるような多様性を目指しながらのこうした単調さの生起は、ロースにみられるような単調さによる多様性の確保と対極をなしている。

さて、私たちは、フンデルトヴァッサーに対する仮想の抵抗論理を浮き彫りにするために、ロースとの比較を試みてきた。もっとも、ロースの見解をもって反フンデルトヴァッサー的な陣営の共通見解であるとするのは、あまりにも乱暴なことだといわねばならない。同時代の傾向を共有するとされるバウハウスの関係者たちとロースとを比較しても、厳密にいえば両者を同一視することは不可能である(10)。とはいえ、ここで重要であったのは、フンデルトヴァッサーが敵対視した建築家やその作品の間にある相違ではなく、彼による敵と味方の図式にもとづいて事態を観察するときにみえてくるはずのコントラストであった。このことを意識するとき、ロースから導き出されたことは、建築における過剰な装飾や色彩の忌避にしても、目立つことのないファサードの称揚にしても、また住人への配慮のあり方にしても、少なくとも理念型としては、反フンデルトヴァッサーの論理とでも呼ぶにふさわしい。

3　ファサードと教育思想の間

フンデルトヴァッサー的なるものと反フンデルトヴァッサー的なるものの対照関係について論じることに少し時間を費やしすぎた(10)。このあたりで、本章の出発点であった彼の学校建築の問題に立ち戻ってみよう。これまで論じてきた「建築」を「学校建築」に置き換え、また「住人」を「子ども」に置き換えてみれば、私たちが教育の問題に到達するあと一歩のところまですでに辿り着いていることに気づかれるはずだ。子どもたちの本性なるものを先取りし、彼らを代理して積極的にその本性に対する配慮を施していくフンデルトヴァッサー風の教育観と、そのような代理となることを回避して子どもたちの本性に対する自由の余地を確保しようとするような反フンデルトヴァッサー風の教育観との対立が、そこに浮上する。

そのような議論との関連で注目に値するのは、バウハウスの教育思想に関する今井康雄の考察である。バウハウスの教育課程を主導したイッテン（Itten, J.）とムホリ・ナギ（Moholy-Nagy, L.）についての比較検討の後、今井は、ヴュンシェ（Wünsche, K.）のバウハウス論（1989）にもとづきつつ、「建築による息の長い教育」（グロピウス）という構想との関連でバウハウスにおける教育観の特色について述べている。そこで今井が強調しているのは、バウハウスの人々が「個々人の基本的欲求を機能的に満たすための生活をデザインすることによって、ゆるやかに人々の意識や生活を変えていくことを目指していたのであり……このような影響行使を『教育』と捉えていた」（今井 2001：418）ことである。さらに、そのようなバウハウス的な（今井によれば、とりわけその主導者の一人であったムホリ・ナギ的な）教育観に、「生徒の活動のコントロールではなく、コミュニケーションを可能にするメディアの構成を教育の中心問題と捉えた」（今井 2001：419）思想家ベンヤミンの教育観との共通点を見出すことができる、とされる。

子どもたちの本性を先取りすることなく、教育にみられるコミュニケーションの循環を開いたままにしておき、専門家による完成された配慮とコントロールを避けつつも、さりげない影響行使の可能性は確保する。今井がバウハウスに読み取ったそのような教育観の対極に想定されるのは、子どもたちの本性を先取りし、専門家によるより完全なコントロールを施し、それによって生じる顕著な影響行使を期待するようなタイプの教育観であろう。そのような教育観を、今井は、「新教育的」と形容している[(11)]。この「新教育的」な教育観は、ここでフンデルトヴァッサー的と呼んできたものと同形性を帯びている。

要するに、私たちがフンデルトヴァッサー的＝反バウハウス的な視点から、とりわけファサードという教育の表層に焦点を当てて眺めていたものを、今井はバウハウス的＝反フンデルトヴァッサー的な視点から、しかも「教育思想（教育論を意味づける文脈）」（今井 1998: 12f.）に焦点を当てて凝視していたのではないだろうか。「新教育的」なるものを批判し、逆にバウハウス的なるもののうちになおざりにされたもう一つの教育思想の胚胎を見抜き、またそれを評価しようと試みる今井の立場からすれば、「新教育的」なるものと容易に結びつくようにみえるフンデルトヴァッサーの思想は、当然のことながら批判の対象となるであろう。しかも、学校建築の表層を超えて、そこに内在する教育思想の次元において、である。

以上で述べてきたことを前提にすれば、少なくとも次のようなことは、学校建築のファサードを主題とする際の重要点として強調しておいてもよいのではないか。まず、ファサードに対するアスペクトの転換が求められるだろう。私たちは、ファサードが子どもの内面に影響を与えうる大切なアーキテクチャの一要素であり、それゆえにファサードに対する配慮が重要であるという前提から説き起こしてきた。だが、以上のように考えてくると、ファサードとは、むしろ、その根底に潜む教育思想の表出という側面を有していることが強調されねばならない。

また、学校建築のファサードと教育思想との連関を意識するとき、フンデルトヴァッサー的なるものと反フンデルトヴァッサー的なるものとが、学校建築の次元においても、また教育思想の次元においても、まだ正確には対峙していないことは強調されてよいだろう。学校建築のファサードにおいては、機能性、経済性、都市景観との相性などの複合的な要因によって、「バウハウス的」なるもの（ここでは「反フンデルトヴァッサー的」なるものと同値）が支配的となっている。かたや、教育思想の次元においては、「バウハウス的」なるものは背景に退いているのではないか。つまり、教育の思想と建築の両次元において〈反フンデルトヴァッサー的〉な要素と〈フンデルトヴァッサー的〉な要素とのすれ違いがこれまで十分に主題化されていないのではないだろうか。

さらに、〈フンデルトヴァッサー的／反フンデルトヴァッサー的〉（あるいは〈反バウハウス的／バウハウス的〉）といった二項図式そのものが有する問題性が主題化されねばならない。こうした図式を採用する場合、往々にしてみられるのは、両極のうちの一方が暗黙のうちに価値づけられ、それによって極の一方がもう一方の極を凌駕していくようなイメージが生じてしまうといった事態である。〈システム／生活世界〉の対抗図式が「システム」や「生活世界」に対する曲解および単純化によって成り立ち、そのことが両陣営を生み出すとともに両者間のさらなる対話の可能性を阻んでいたように、そのような二項図式は、問題をみえやすくするというよりは、かえって複雑にしてしまう可能性がある。

4　時間《とき》の迷宮

1　「子どもの街」

ここまで、努めて建築の表層たるファサードにまつわる話題に限定して論を進めてきたが、それでも、やはり次のような思考実験をしてみたい衝動にどうしても駆られてしまう。そのような思考実験は、本論の筋からみれば余談以上のものではない。だが、そこから翻って、以上で展開したファサード論に重要な補筆を施すきっかけを与えてくれるようにも思われる。

「直線の専制」や合理主義的建築に抵抗するフンデルトヴァッサーの装飾による「美の被膜」が建築の表層から内側へと染みわたり、じわりじわりと内部空間をねじ曲げてしまうとき、建築の「皮膚」の下にいったいどのような細胞ができあがるのか。フンデルトヴァッサーはルター・ギムナジウムの内装にも若干の手を入れているが、教室の空間構成自体は通常の学校の教室と実はそう変わらない。したがって、このギムナジウムには上述のような思考実験の手がかりはないに等しい。

意外にも、フンデルトヴァッサーは、そのような手がかりを日本に残している。「キッズプラザ

図5－2　大阪キッズプラザ内「子どもの街」（2003年1月7日、筆者撮影）

大阪」のシンボルゾーンである「子どもの街」と名づけられた空間である（**図5－2**）。まず運営主体である大阪市教育振興公社と企画に携わった広告会社「大広」がシンボルゾーンとなる大ホールをどのような形にするかを議論した結果、①中心に象徴的な塔を置くこと、②ゾーン全体が遊具の機能をもち、また施設の各階を結びつける導線としての機能を有すること、③滝や小川の演出を含んでいること、④幻想的で不思議な味わいをもった空間イメージにもとづいていること、が決定された（フンデルトヴァッサー他 1997：97）。そのようなコンセプトを具現化できる芸術家として、フンデルトヴァッサーが企画者たちの目にとまったのである。「キッズプラザ大阪」内の四階および五階の二層吹き抜けとなったおよそ五〇〇平方メートルの「子どもの街」のデザインがこうして彼の手によって施された。その結果、フンデルトヴァッサー自身が述べているとおり、「純粋幾何形態により構成されているキッズパーク」の外観からは想像もできないような空間が、言い換えれば、その外観と「対極的なデザイン」（フンデルトヴァッサー他 1997：98）の造形空間がその内部にできあがった(12)。

フンデルトヴァッサーは、「子どもの街」に寄せて、近代における学びの空間に対する権威と結びつく「冷たい建築」に対するあの言葉を繰り返している。

「子供たちは彼らのもっとも貴重な時、成長の日々を犯罪的とさえ言えるひどい施設や留置場のようなバラックの中で過ごし、その魂は我々の社会が生み出した悪業とともに朽ち果てていく。個々の夢やあこがれ、創造性はこれらの権威主義と冷たい建築によって押さえつけられていくのだ」（フンデルトヴァッサー他 1997：94）。

「子どもの街」の特徴をあえて一言でいうなら、構造の捉えがたさということになるのではないか。もちろん、「子どもの街」がアーキテクチャであるかぎりにおいて、それがある種の空間構造を有していることはいうまでもない。だが、この部屋は、空間を構造として読み解くための鍵をことごとく見え難くしている。塔が空間の中心をなし、動線がそこに向かって走っていることが基本的な構造といえるのみで、階層性や同心円的性質などの明確な法則性らしきものは、そこには見当たらない。曲線を複雑に組み合わせてできあがっているこの部屋を歩いていると、慣れないうちは、自分がいったい今どこに位置しているのかを把握できないことがある。観察者の立地点によってさまざまな風景を私たちにみせてくれる部屋だ。

この不思議な部屋には、いろいろな要素が盛り込まれている。子どもたちが駆け上がり、駆け下りる螺旋状の階段と坂。子どもたちが次々に滑り降りてくるための不規則に曲がった白色半透明の管。ゴム製の突起物や壁に埋め込まれた石をつかんで、上部の平らな部分によじのぼることができる崖。真っ赤な格子とロープでできた空中廊下。壁を走る赤の曲線と小川に見立てた床上の青の曲線が、壁面と床で交差している。塔に設えられた数々の窓は、色も大きさも形状も異なっている。黒い手すりの上に置かれた数多くの球が、空間にいっそう彩りを添えている。迷路のような通路の袋小路にいくつかの「隠れ家」的な空間もある。天井に散りばめられた鏡が、こうした多様な要素に満ちた空間を反映し、見た目をいっそう複雑にしている。その光景は、まるでルター・ギムナジウムの内部と外部がみごとに反転し、外観の反直線と色彩・装飾と自然との融合とが大きな力を生み出して内部の空間をねじ曲げてしまったかのようだ。

反フンデルトヴァッサーの立場からすれば、こうした「子どもの街」も子どもたちの本性を先取りした専門家の手によるコントロールの空間として批判の対象となるかもしれない。「子どもの街」というアーキテクチャが目指したのは、フンデルトヴァッサー自身の言葉によれば、「魂の救済」、「五感への喜び」、そして子どもの「心躍る」（フンデルトヴァッサー他 1997：94）体験であったが、そうした喜びや体験が実は専門家の掌中にないということへの配慮こそが教育に関しては重要であると。それにしても、である。この空間と戯れる子どもたちを観察するとき、最終的にこのフンデルトヴァッサーの空間を否定することはできそうもない。

日本側で「子どもの街」の設計・施工を請け負った事務所の担当者による証言によれば、「竣工後、数ある展示物の中で、子供たちに最も人気のあるのがこの『子どもの街』であり、彼らの興奮し生き生きと遊ぶ姿を見る度に、（フンデルト）ヴァッサー氏の造形がもつ本能に訴えかける魅力を見せつけられる思いがし、……鳥肌が立つような感動を受けた」（フンデルトヴァッサー他 1997：98）という。「鳥肌が立つような感動」を当事者以外の者が共有することはまれだとしても、彼らが何をいわんとしているかということは、「子どもの街」のなかにいる子どもたちをみれば、おおよそ想像がつく。彼らは、たいていの場合、走っているか、滑っているか、潜っているか、隠れている。この空間は、嬉々とした子どもたちの歓声や奇声であふれている。不規則なこのアーキテクチャは、子どもたちの規則性を見出しがたい動きを許容し、さらなる動きへと誘っていく。時が経つのを忘れて「子どもの街」で戯れる子どもたちをみていると、この空間の迷宮は同時に時間の迷宮でもあるかのようだ。

「子どもの街」は、大人たちにとって心地よい空間とはかぎらない。それどころか、大人たちは、しばしば空間構造の捉えがたさに戸惑い、ぎこちなくのろのろと「子どもの街」を移動する。狭い路地や低い門、天井の低い空間がいくつかある。まるで大人がこの部屋を動き回ることにまったく配慮していないかのように。この部屋は、子どもを優遇し、大人を困らせる。子どもを塔の影に見失い、やっと発見しては、またどこかに見失う。だが、曲線を動き回り、目眩を感じながら子どもを追いかけていくうちに、いつしか大人も「子どもの街」の奥深いところに迷い込むような錯覚に陥ることがある。自分たちがこの空間を満喫できたであろう子ども時代を垣間見ることができるのではないか、とさえ感じてしまう。

ここで再び想起されるのは、やはりルター・ギムナジウムである。多彩で変化に富むファサードの原型を与えたのは、まずは子どもたちであって、フンデルトヴァッサーではなかった。子どもたちの構想がフンデルトヴァッサーの絵画に酷似していたからこそ、彼に建築デザインが依頼されたのではなかったか。芸術家と子どもたちのこうした歩み寄りにおいて、両者の間にまずは想像のアーキテクチャが浮上し、そして現実のものとなった。自律と他律、あるいは自由と強制といった教育について論じられる際に用いられがちな二項図式は、ここではあまり意味をなさない。それと同様に、「子どもの街」においても、子どもたちの多様な思考や動きを制限しつつも喚起するような秀逸の空間が、創作者と使用者の双方における主観の幸運な邂逅によって生み出されたとはいえないだろうか。

2　教室空間と「美の被膜」との隔たり

学校建築は、工場、病院、刑務所、兵舎など近代の典型的な営造物とならんで、規律権力が発動する空間として、しばしば批判に晒されてきた。その場合、直接的・間接的に警戒されてきたことは、箱形の無機質なアーキテクチャがそうした規律権力が発動するための機能的な構造を有しているがゆえに子どもたちの「個性」や「感性」や「身体性」などに対する軽視や抑圧を生み出す、ということであった。フンデルトヴァッサーによる「美の被膜」構想は、少なくとも「子どもの街」をみるかぎり、伝統的な教育空間への、唯一のではないにしても、一つの対案といってもよいのではないだろうか。

だが同時に、「子どもの街」は、教育の領域における「美の皮膜」構想の限界をも露呈させているように思われる。「美の被膜」がファサードに関する戦略としてたとえ容認できたとしても、それを内側に染み込ませたような空間――たとえば「子どもの街」のような空間――をそのまま教室空間として採用することは困難である。最初にとりあげたルター・ギムナジウムの内的空間が何の変哲もない教室構造を維持していたことは、その証左であるかもしれない。ルター・ギムナジウムという建築の「皮膚」の内部に「子どもの街」という細胞を補って考えてみても、フンデルトヴァッサーの学校の全体像がそこに仮想されるわけではおそらくない。「子どもの街」における〈遊び〉の世界と、やがては子どもたちが参入していく〈労働〉の世界との間を、アーキテクチャの次元においてどのように架橋することが可能であるかという問題が、そこには残されたままなのだ。

「美の皮膜」を学校空間の内部に浸透させていくことの困難さは、とりわけ子どもたちの年齢段階が上がれば上がるほど意識されざるをえないだろう。教育観や授業観そのものの転換でもないかぎり、「子どもの街」が学校内部に入り込むことを拒絶するような力が生じてしまうことは、想像に難くない。「子どもの街」が「キッズプラザ大阪」という学校の外部に位置する空間であったことを想起しよう。それはオールタナティヴな教室ではない。教室のアンチ・テーゼ、つまり、教室ではない何ものか、なのである。その先に横たわる問題に対して、フンデルトヴァッサーは、具体的な方策を示してくれているわけではない。この自称「建築の医師」は、既存のアーキテクチャを近代の病理として診断しつつ、その対案を提示し、けれども同時に、決定的なところでそれによって自らの限界をも明るみに出す。すでにみてきたとおり、そのような特徴は彼の学校建築にもあてはまる。

このことは、フンデルトヴァッサー個人に帰されるような問題などではおそらくない。そこに浮上しているのは、文化のアイロニーとでもいうべき問題なのではないだろうか。人間が環境のなかで刺激を受けつつ変化し、そのように変化した人間が新たな環境を生み出していく。本書で人間形成と呼んできたそのような力動性のなかで生み出された環境を文化と呼ぶならば、あらゆる文化は企みである。企みとしての文化のうちには、実用的なものや目的に適ったものから逸脱した要素が入り込む。ロースは、そうした要素を、つまりは「装飾」と彼が名づけた要素を排除して、可能なかぎり「ザッハリッヒカイト」――人為性を回避した即物性――に文化を委ねようとした。だが、「ザッハリヒカイト」を志向する文化は、原理的には、文化そのものを「装飾」とみなしてそこから距離を取ろうとする。自らの否定をも含んでしまう文化のアイロニーに対して向き合うもう一つの態度は、文化そのものが「装飾」であることを承認しつつ、目的と手段の関係に回収されない要素を文化のうちに織り込んでいこうとする、というものである。フンデルトヴァッサーが選択した後者の態度は、必然的に〈目的／手段〉図式にもとづいて構成された環境と齟齬を来す。フンデルトヴァッサー自身がどれほど意識していたかは定かではないが、彼が仕掛けたのは、実のところ、「装飾」による文化のアイロニーへの挑戦をめぐる格闘であったのではないだろうか。建築家としての彼が残したのは、アーキテクチャの次元において「装飾」という、文化の本質でありながら文化の異物でもあるような要素と、いかに折り合いをつけることができるのか、という課題であった。

されどファサード、という冒頭で掲げたフレーズを、私たちはここでも繰り返さねばならない。ただし、最初とはまったく異なった意味において、である。ファサードが重要であるのは、それを手がかりとして教育に関するより根本的な問題へと導かれるからだ。広義のアーキテクチャが目にみえるかたちで展開している空間構成の、さらにその最も目にふれやすい表層としてのファサードに、文化と人間形成の問題が濃縮して浮き上がっている。

注

(1)「学校らしさ」に対する一般的な認知は、もちろん外観についてだけではなく、教室などの内部空間の構造についても当てはまるであろう。近年、外装に工夫を凝らした学校建築やオープンスペースなどを活用した内部空間の構造変化を施した学校も多くなり、その意味では空間上の「学校らしさ」は以前と比べるとそれほど強固なものではないのかもしれない。とはいえ、「学校らしさ」という範型がもはや無効になってしまったというわけではまったくないだろう。近年の特色ある学校建築も、学校に「似つかわしい」伝統的な空間を基準にしつつそこからのずれに注目することによってのみ、そのコンセプトを十分に理解することができるはずである。本章では、この空間上の「学校らしさ」を、いわばその裏側からテーマとしてとりあげてみたい。

（2）ここで念頭に置いている学校建築のファサードに関する実証的研究についてより具体的にイメージできるように、リッテルマイヤーの調査を今少し詳しく紹介しておこう。彼は、評判のよい学校建築とそうでない学校建築を一校ずつ選定し、アンケート調査およびインタビュー調査をとおして、両者の相違を詳細に分析している（Rittelmeyer 1994：44）。多くの生徒たちが否定的なイメージをもったある学校建築について、アンケート調査では「固い」、「不快な」、「活気のない」、「攻め立てられるような」、「弾力性に欠ける」、「敵対的な」、「不吉な」、などの好ましくない印象が示され、さらにインタビューをとおして、彼らがそのように感じる理由がさらに詳しく聞き出されている。生徒たちにとって、この学校は、これ以上分解できない一個のかたまりであるような印象を与えているという（Rittelmeyer 1994：46）。校舎から突き出る両翼部分があたかも腕を高く上げて生徒たちを威嚇しているかのようにみえ、子どもたちの前に立ちはだかるような巨大な形態が危険な印象を与えている。窓は「大きいが空洞のよう」にみえる一方で、背景にみえる住居群がこの学校空間にどこか窮屈で冷たい雰囲気を付与してしまっている。生徒たちは、そのように回答している。それに対して、評判のよい方の学校建築は、「軽やかな」、「変化に富んだ」、「魅力的な」、「活気のある」、「解放的な」、「友好的な」、といった肯定的なイメージを子どもたちに与えている。学校の状態は、「牧歌的で、鳥のさえずりが辺りで聞こえてきそうな」（Rittelmeyer 1994：46）印象を生じさせている。インタビューによれば、この学校建築の大きいが素朴な相貌は「誇り」を示しているように感じられ、また辺りにほかには何も建てられていない状況が「自由」を演出していると生徒たちに受けとめられたようだ。

（3）フンデルトヴァッサーの建築造形プランのうちで教育にかかわるものは、他にもある。一つは、ヘッデルンハイムのフランクフルト市立保育所（一九八七－一九九五年）である。金色に輝く二つの尖塔が頂点に置かれた三角形の建物で、その頂点へと続くなだらかな屋根が同時に緑のスロープになっており、建物の右側にあるもう一つの緑のスロープとドームあたりで交わっている。建物が同時に丘でもあるような構造をもつ保育所だ。もう一つは、同じくヘッデルンハイムにできる予定であった学校を含む複合施設である。この学校は、プロテスタントとカトリックに関するゲマインデの集会所や住宅と一体化した施設として構想されていた。建物全体がロの字型の構造をしており、その一角だけ地面と屋根が接し、そこから緑の道が空中を走っている。途中の広場にはフンデルトヴァッサーお得意の尖塔が二つ並んでいる。一九八七年にモデルは完成していたが、残念ながら実現にはいたらなかった。いずれにしても、両施設は、緑、窓の多様性、ファサードの色彩、そして曲線を重視した造形を施している点においては、ルター・ギムナジウムと同様の特徴を有している。

（4）たとえば、フンデルトヴァッサーは、次のように述べている。「カミソリの刃にサビが付着するとき、壁がカビに覆われ始めるとき、部屋の隅にコケが生えて幾何学的な角が丸みを帯びるとき、微生物や菌類とともに生命が住宅のなかに入り込み、以前よりもいっそう意識的に建築上の変容の目撃者となることをむしろ喜ぶべきである」（Hundertwasser 1997：48）。

（5）フンデルトヴァッサーの建築構想のうちでおそらく最大であったブルーマウ温泉保養地（一九九〇－一九九七年、シュタイヤーマルク州）は、レスタニーの言葉を借りれば、フンデルトヴァッサーが夢見た「人間と自然の調和という原則の上に成り立つ理想都市のモデル」（Restany 1998：10＝邦訳 53）であった。これは、ホテルを中心に構成された複合施設で、約三五ヘクタールの敷地に数々の建造物が分散して建てられている。彼は、建物の屋根に腐植土を置き、そこに緑を敷き詰めて、屋根を遊歩道や野原に変えている。ほとんど子ども番組テレタビーズの秘密基地張りに、自然と建築の境界線が曖昧で相互に混ざり合う都市空間がそこにある。

（6）もっとも、こうしたフンデルトヴァッサーの判断には、異論を唱えることができる。学校建築の歴史を少し紐解いてみればわかるとおり、もともとバウハウス的な学校建築は、「安普請で飾り気のない外観によって『みすぼらしい』ものとみなされ」（Witt 2001：99）た一九・二〇世紀転換期の学校建築に対する批判のうえに成り立っている。「教育兵舎」と揶揄されたそのような学校建築に対してファサードの装飾性を重視するタイプの改革が一方で行われたが、他方で都市景観との融合性などの理由から「ザッハリヒカイト」を重視するバウハウス的な学校の建築も試みられた。したがって、フンデルトヴァッサー的な教育思想と反フンデルトヴァッサー的な教育思想との関係と同様に、ファサードの次元においても、両者は相互に批判し合う改革の双子としての側面を有しているといわねばならない。

（7）ヴァルター・グロピウスやル・コルビジュエなどの二〇世紀前半をリードした著名な建築家たちを建築的「病」の発生源とみなすことに、フンデルトヴァッサーには何の躊躇もみせなかった。その割り切り方は、たとえば、ハーバーマス＝ルーマン論争との関連でドイツの教育学において浮上した〈生活世界／システム〉図式にもとづくルーマン批判を想起させる（cf. Brunkhorst 1983）。そこでは、「生活世界」が「システム」によって浸食されるというイメージが喚起され、ハーバーマスに依拠してそれに対する抵抗が鼓舞されたのであった。少なくとも教育学においてみられた「システム」に対するこうした拒絶は、ルーマンのシステム論に対する明らかな誤読にもとづいていた。そのような反省のもとに教育学におけるシステム理論の可能性を追究した論集として、Oelkers/Tenorth 1987 および田中・山名 2004 を挙げておく。

（8）ロースからの引用文については、邦訳書を参照しつつも、原典にあたり訳語を変更した箇所がある。

（9）田中純によれば、「建築のダンディズム」とは、「絶対的な単純」（ボードレール）を建築の次元において実現すること、すなわち、建築に関する「歴史と伝統から捏造したまがいものの様式」を捨てて、「人目に立つことのない、地味で簡素な、しかし、抜きんでて優雅な装いによって趣味の支配者」（田中 1995：44f.）となることが意味されているという。

（10）バウハウスをはじめとする建築の主潮流が〈総合〉のイデオロギーに支配されていた一九・二〇世紀転換期にあって、〈分離〉と〈差異〉を原理としていたロースの立場が「同時代の動向にあって著しく孤立したものだった」（田中 1995：55）ということが強調されるとき、そのことはよりいっそう明瞭に意識されるだろう。

（11）ここでいう「新教育的」の意味内容については、今井 1998 を参照。今井は、「子供の側の……自己活動を前提とし、教育とはこの自己活動の統御だと考えるような教育のイメージ」（今井 1998：157）を「新教育の地平」と呼び、一見したところ「子供から」出発しながらも「大人の側がたてたより大きなある目的をそれと意識しないままに子供自身が達成するよう」（今井 1998：158）に仕組む教育の理論と実践に「新教育」的なるものの核心をみようとしている。そのような「新教育」観に関する検討として、山名 1998 を参照されたい。また、本書の第四章も、今井による「新教育」理解の妥当性をめぐる議論を含んでいる。

（12）通常の近代的アーキテクチャとフンデルトヴァッサーのそれとの隔たりは、この空間の造型に携わった人々の労苦に関する証言に反映しているだろう。「子どもの街」は直線や直角が存在しない「極めて不整形な造形物であり、鉄骨製作およびラス＋モルタル造形については、関係者に多大な労苦」（フンデルトヴァッサー他 1997：98）がかかったという。さらに、室内装飾に携わった業者によれば、「多種のタイルの素材・厚さなどがバラバラだったため、これらを並べて貼るには下地処理に予想以上苦労した」（フンデルトヴァッサー他 1997：99）らしい。

文献

Architekten- und Ingenieur-Verein zu Berlin u.a.（Hrsg.）（1991）: *Berlin und Schulbauten.* Teil 5. Bd.C Schulen. Berlin.

Brunkhorst, H.（1983）: Systemtheorie. In: *Enzyklopädie Erziehungswissenschaft.* Bd.1. Stuttgart, S.193-213.

Hundertwasser, Fr.（1997）: *Für ein natur- und menschengerechtes Bauen. Hundertwasser. Architektur.* Köln u.a.＝大野千鶴訳（2003）『フンデルトヴァッサー建築――自然と調和する人間味あふれる建築をめざして』タッシェン・ジャパン。

フンデルトヴァッサー（1991）『フンデルトヴァッサー』新潮社。

フンデルトヴァッサー他（1997）「キッズプラザ大阪　子どもの街」『商店建築』一九九七年一〇月号、九四－九九頁。
今井康雄（1998）『ヴァルター・ベンヤミンの教育思想――メディアのなかの教育』世織書房。
今井康雄（2001）「バウハウスの教育思想・試論――イッテンとモホリ＝ナギの対比をとおして」藤田英典他編『教育学年報』第八号、世織書房、三八五－四二七頁。
J・A・コメニュウス／鈴木秀勇訳（1962）『大教授学』明治図書。
Landkreis Wittenberg u.a. (Hrsg.) (o.J.): *Hundertwasserschule*. Lutherstadt Wittenberg, o.O.
Loos, A. (1898): Die Herrenmode. In: *Neue Freie Presse*. 22. Mai 1898, S.16.
Loos, A. (Orig. 1908a): Die Überflüssigen (Deutscher Werkbund). In: Ders. (1962): *Sämtliche Schriften*. Bd.1. Hrsg. von Glück, Fr., Wien/München, S.267-270. = 伊藤哲夫訳（1987）「余計なこと（ドイツ工作連盟）」『装飾と罪悪』、中央公論美術出版、七八－八一頁。
Loos, A. (Orig. 1908b): Kulturentartung. In: Ders. (1962): *Sämtliche Schriften*. Bd.1. Hrsg. von Glück, Fr., Wien/München, S.271-275. = 伊藤哲夫訳（1987）「余計なこと（ドイツ工作連盟）」『装飾と罪悪』、中央公論美術出版、八二－八九頁。
Loos, A. (Orig. 1908c): Ornament und Verbrechen. In: Ders. (1962): *Sämtliche Schriften*. Bd.1. Hrsg. von Glück, Fr., Wien/München, S.276-288. = 伊藤哲夫訳（1987）「装飾と犯罪」『装飾と罪悪』、中央公論美術出版、九〇－一〇四頁。
Loos, A. (Orig. 1914): Heimatkunst. In: Ders. (1962): *Sämtliche Schriften*. Bd.1. Hrsg. von Glück, Fr., Wien/München, S.331-341. = 伊藤哲夫訳（1987）「郷土芸術について」『装飾と罪悪』、中央公論美術出版、一四三－一五五頁。
正岡三一（2002）「二十世紀末の芸術家フンデルトヴァッサー」『オーストリア文学』第一八号、二七－三五頁。
Oelkers, J./Tenorth,H.-E. (Hrsg.) (1987): *Pädagogik, Erziehungswissenschaft und Systemtheorie*. Weinheim/

Basel.

Rand, H. (1993): *Hundertwasser*. Köln. = 法橋量訳（2002）『フンデルトヴァッサー』タッシェン・ジャパン。

Restany, P. (1998): *Die Macht der Kunst. Hundert Wasser. Der Mäler-König mit den fünf Häuten*. Köln 1998. = ナカムラ・ユキコ訳（2002）『フンデルトヴァッサー――5枚の皮膚を持った画家王』タッシェン・ジャパン。

Rittelmeyer, Ch. (1994): *Schulbauten positiv gestalten. Wie Schüler Farben und Formen erleben*. Wiesbaden/Berlin.

Sandau, M./Kirchner, U. (Red.) (2000): *Hundertwasser in der Lutherstadt Wittenberg*, o.O. (Prospekt).

田中智志・山名淳（2004）『教育人間論のルーマン――人間は〝教育〟できるのか』勁草書房。

田中純（1995）「着衣の作法――アドルフ・ロースのダンディズム」田中純『残像のなかの建築――モダニズムの〈終わり〉に』未来社、三八－六六頁。

Wünsche,K. (1989): *Bauhaus. Versuche, das Leben zu ordnen*. Berlin.

山名淳（1998）「『新教育の地平』をめぐって――今井康雄『ヴァルター・ベンヤミンの教育思想』」近代教育思想史学会編『近代教育フォーラム』第七号、一五五－一六二頁。

山名淳（2006）『夢幻のドイツ田園都市――教育共同体ヘレラウの挑戦』ミネルヴァ書房。

おわりに

教育とは、まずは具体的で身近な営みである。たとえば、家庭教育。日常の生活をともにするなかで目の前の子どもに対してあれやこれやとはたらきかけはするのだが、幸か不幸か、親の希望や意図のとおりに子どもが変化していくことは、おそらくまれである。むしろ不測の出来事が次々と生じ、その「対応」に追われて日常があわただしく過ぎ去っていく。同じことは、基本的には学校教育にもいえるだろう。そうした具体的な営為のなかで、目にはみえにくいが日常の教育に関わっている何か得体の知れないものが感じられることがある。その何ものかを論じることもまた、身近な営みとしての教育を考えることと同様に、教育学の役割に属している。

教育の背後にある得体の知れないもののうちには、人間自身が創造したものも含まれる。そのようなものとして本書がとりあげたのは、文化としての都市であった。人間が生み出したはずの文化は、事物の論理によって人間自身の制御能力を超えた力動性を獲得していく。その象徴とみなされた都市の両義性を、一九・二〇世紀転換期の文化批判者たちが真剣に捉えようとしていたことが目に止まった。その一方で、アーキテクチャを鍵とする現代社会論における重要な考察対象の一つとして、やはり都市が視野に収められていることを知った。そこで展開する議論は、時代背景や具体的な状況が大いに異なるものの、どこか約一世紀前の文化批判と本質的な部分で重なり合うのではないかと感じられた。両者の最も大きな相違は、前者が人間形成論と不可分のものであったのに対して、後者はどちらかといえば人間形成論を含まないかたちで問題構制がなされる傾向を有しているということにある。都市の意味世界を中心に据えて双方を重ね合わせたとき、人間形成のアーキテクチャをめぐる問いの領域が新たに浮上するのではないだろうか。そのような着想が、本書の基盤となった。

本書で言及したジンメルにおいてそうであったように、社会変容が大きな時代には、人間は、自らが生み出した文化の力動性に巻き込まれつつ、その力動性を完全には統御しえない存在として洞察される。人間はまた、そのような力動性から自分自身を守りつつ、なおかつ新たな力動性を不断に生み出していく存在でもある。この文化の力動性との関連において人間形成の問題が浮上し、また人間形成に対する意図的な介入としての教育が注目されるようになる。だが、その際の教育は、もはや社会の諸活動のなかの特別な一領域としてのみならず、文化と人間の問題が濃縮した領域としての意味を帯びているといえるのではないだろうか。本書では、教育をそのように位置づけた。

文化と人間の問題として本書において意識したのは、保護をめぐる問題であった。知の進化や技術革新によって、環境が人工物や制度によって覆われる度合いが増大し、人びとの計画と予測の可能範囲が拡張していくが、その一方において時代の変化はますます加速度を増し、先行きの不透明さが目立つようになる。現代社会の安定性には不安定性がいわば隣り合わせであるにもかかわらず、人間自らがつくりあげた環境で生じる諸々の出来事に対して、人間自身が責任を負うことが増大していく。人工的な環境が人間を保護しつつ、そして脅かす。このアイロニーに満ちた今日の時代診断は、社会の大きな変化がみられた一九・二〇世紀転換期の文化批判をやはり思い起こさせた。当時の文化批判は、文化とそれを生み出した人間とのいわば接面を問題にした。文化と呼ばれてきたもののサイズがおよそ一世紀前とは比較しえぬほど肥大化しているようにみえる現代において、文化と人間との接面の問題は、よりいっそう真摯に受け止められるべきであるのかもしれない。

文化批判の哲学・思想と今日におけるアーキテクチャ論を擦り合わせていくと、本書のもとになったそれぞれの論稿を執筆していたときには必ずしも明確ではなかった内容上の連なりが浮かび上がってきた。すでに序章や本論のなかで示唆したところもあるが、あらためて整理すると、おおよそ以下のようにまとめられる。複合的なアーキテクチャとしての都市は、教育を挑発する。都市の「整序化」が未完にとどまる場合、都市は人間形成の環境として秩序や安定性を欠いていると診断され、それに対する不安が喚起される。都市が「整序化」に向かうとしても、その場合には、人工的な空間構造が人間形成にとって生み出す副作用が懸念される。いずれにしても、都市は教育を絶えず挑発するのではないだろうか。そのような意味において、都市は教育について語ろうとする者を二重に引きつける戦略を備えているのではないか。第一章では、そうした都市を捉える複眼的な思考の始源として、思想家のジンメルに注目した。第二章において、そのような思考が教育というテーマといかに関連づけられるかということについて、「ハウス化」論を検討することをとおして考察した。第三章では、そのような議論の延長線上で、都市批判のもとに展開するアーキテクチャの進展には、リエントリーの形式が見出されるのではないか、ということが示唆された。

都市はアーキテクチャでありながらその外部を志向し、なおかつそうした外部を自らのうちに取り込んでいく形式を備えている。そのようにして、都市を変容させ、また意図的な人間形成の空間としての学校を変えていく。第四章において、こうした観点から注目されるべき学校としてとりあげたのは、ドイツ田園教育舎という改革型の教育施設であった。「アジール」概念を導入しつつ、そのような学校の特徴を検討した結果、都市アーキテクチャに対する批判をもとに正当化された学校が、一方において安定性を目指しながら、他方において自らの論理にしたがって教育そのものを不安定にさせるという側面を有することが浮上した。学校は、そのようなパラドックスとどのように折り合うことができるのか。第五章では、この問いに対する回答を模索するために、建築における装飾に関する議論を展開した。それは、むろん考えられうる多様な議論のほんの一例にすぎない。人間形成論と教育論との両眼視覚によって、文化の整合的なイメージが必ずしも立ち上がるわけではないもどかしさのなかで、学校とその外部（＝都市）のアーキテクチャは、どのようにして自らのパラドックスを克服し、あるいはカムフラージュし、また脱パラドックス化しているのだろうか。そのような状況を記述することは、引き続き教育学の課題となるだろう。

本書のささやかな試みによってなしえたことよりも、残された課題の方が多いかもしれない。本書の内容は、哲学、歴史学、社会学などとも接しつつ、そのどれにも完全には属することがない。哲学的な議論からみれば、アーキテクチャや空間など、本書で重要とみなした諸概念についてのより詳細な検討が要請されるだろう。歴史学からは、第一次史料の検討を徹底して行うことが求められるかもしれない。社会学に関していえば、本書の内容とも関連しそうなリスク社会論をはじめとする諸理論や現代都市論の蓄積を踏まえることがなお必要とされるにちがいない。まずは教育学の著作だと私は主張しようとしているのだが、その教育学からは、本書で関心を寄せている〈教育的保護〉の現場に寄り添った考察が欠如しているとの批判の矢が、すぐにでも飛んでくるような気がする。さまざまな角度からみたときに指摘されるはずのそうした不十分さを自覚しつつ、教育の背後にある得体の知れないものを近代における文化のうちに読み込むために、まずは物語り始めることを決心した。読み直してみると、もっとじっくりと考えたいと感じる箇所もあるが、今となっては、読者の忌憚のない批判を待つばかりである。一人では克服できそうもない残された課題をめぐって、いくらかの協同が生じるきっかけになれば、筆者としてはこのうえない喜びである。

　本書のもとになった原稿の多くは、二〇〇〇年から二〇一三年までの間に都市や学校に関して執筆したものである。アーキテクチャに関する議論との関連を意識しながらそれらに加筆修正を加えて、論集として再構成した。原型をとどめないほどに組み替えた部分もあり、また書き下ろしの部分も含まれているが、おおよそ以下のような論考が基盤となっている。

はじめに
「小癪な富士山——自己紹介にかえて」東京学芸大学教育学研究科『教育学研究年報』第一九号、二〇〇〇年、七七 - 七九頁。
序論　書き下ろし
第一章
「都市——ジンメルの思想に内在する人間形成論を解読する試み」『教育思想史で読む現代教育』勁草書房、二〇一三年、七六 - 九四頁。
第二章
「都市と教育——〈都市の教育思想史序説〉」『近代教育フォーラム』第九号、二〇〇〇年、四一 - 五六頁。
第三章
「つくられた故郷（田園都市ヘレラウとリトミック①）」リトミック教育指導者研究会編『Atelier de Jaques』第八一号、二〇一〇年、三 - 七頁。
「自然と人工について——ヘレラウ創設一〇〇周年記念シンポジウムで感じたこと（田園都市ヘレラウとリトミック④）」リトミック教育指導者研究会編『Atelier de Jaques』第八四号、二〇一一年、四 - 八頁。
第四章

「〈学校＝共同体〉に穴を穿つ——『アジール』論からみた『新教育』の学校」『近代教育フォーラム』第二一号、二〇一二年、一一五‐一二九頁。

第五章
「奇想の芸術家フンデルトヴァッサーの学校建築——建築の〈皮膚〉としてのファサードについて」『臨床教育人間学2』世織書房、二〇〇七年、一五一‐一七七頁。

Intermezzo 1
「教育空間論ブームの到来？　ドイツにおける教育学の一動向」『近代教育フォーラム』第一〇号、二〇〇一年、二七七‐二八一頁。

Intermezzo 2
「ヘレラウを訪れた日本人たち——芸術の都としてのヘレラウ（田園都市ヘレラウとリトミック②）」リトミック教育指導者研究会編『Atelier de Jaques』第八二号、二〇一〇年、二一‐五頁。

Intermezzo 3
Japan's School Architecture as Mixture between the West and the East.『臨床教育人間学』第一一号、二〇一二年、五五‐六五頁。

拙著『ドイツ田園教育舎研究』（風間書房、二〇〇〇年）および『夢幻のドイツ田園都市』（ミネルヴァ書房、二〇〇六年）にもとづいているところもあるが、両著作が史実の解明に重きを置いていたのに対して、本書においては、そこで考察対象にした都市や学校をも題材としつつも、それらの解釈をめぐる検討の方を前面に押し出した。

本書の執筆にあたって直接的および間接的にお世話になった方々は数知れない。ここで全員のお名前をあげることはかなわないが、それでも、新教育研究会でお世話になっている宮本健市郎先生、山﨑洋子先生、渡邉隆信先生には、ここであらためて感謝申し上げたい。一九・二〇世紀転換期の新教育運動に関心を寄せるメンバーで結成した小さな研究会であるが、その結成から現在までのおよそ二〇年の間に、大学という職場が徐々に多忙感を増していったなかで、お互いに励まし合って研究活動を続けてきた。緻密な史料の検証を行うこの三名は、私の奔放な発想、といえばいくぶん聞こえはよいが、浮かんでは消えかかる思いつきを寛大に受け止め、積極的な意味で批判してくれた。ヘンスラーの『アジール』を翻訳された舟木徹男先生など、この研究会を通じて出会うことのできた方々も多い。

第五章のフンデルトヴァッサー論は、日本教育学会第六四回大会におけるラウンドテーブル「教育空間の考察（2）」（二〇〇五年八月二五日から二六日、東京学芸大学で開催、企画者は岩間浩先生）の報告および「山梨学院大学附属小学校・学習カリキュラムセンター主催二〇〇五年度研究会」（二〇〇五年九月九日、山梨学院大学附属小学校で開催、企画者は田中智志先生、山内紀幸先生）における報告が、執筆のきっかけとなった。後者の研究会において同じく報告者であった今井康雄先生と松浦良充先生との議論に刺激を受けて、報告原稿の一部を後に改めることができた。森田尚人先生と森田中子先生には、以前から気になっていたジンメルの思想について論じる最初の機会を与えていただき、それが本書における第一章のもととなった。馬淵明彦先生からは、リトミック教育指導者研究会の会員誌おけるエッセイ連載をご依頼いただいた。そのおかげで、自分のなかで途切れがちとなっていた田園都市への関心を保ち続けることができた。そのエッセイを執筆していたときにあれこれと考えたことが、第三章に反映している。第二章および第四章は、教育思想史学会年次大会におけるフォーラム、そしてシンポジウムで報告した内容が基盤となっている。同学会で交わした議論のなかで貴重なご意見をいただいた方々は数知れず、そのお名前を挙げさせていただくことは難しいが、この場を借りてお礼申し上げたい。

京都大学大学院教育学研究科には、二〇〇九年秋の着任以来、さまざまなかたちで刺激を与え続けていただいている。本書のテーマに直接、間接にかかわる授業、とりわけ教育学演習というゼミ参加者を中心とした授業では、一緒に担当してくださっている鈴木晶子先生と受講生たちとの濃密な議論をとおして、私のすぐに固着してしまいがちな思考が何度も解きほぐされた。教育実践コラボレーション・センターにおける協同活動やブータン教育研究会をはじめとする複数の学内研究会における調査活動によって、動物園、追悼施設、ミュージアム、遊び場など、実にさまざまなキーワードが与えられ、それらとの関連性を思案することをとおして、教育のアーキテクチャという主題の領域が最初に想定していた以上に広く、また深いという実感を得ることができた。そうしたキーワードに関する考察は、本書で直接にはほとんど展開することはなかったが、稿をあらためて論じることにしたい。同僚との立ち話がいつしか議論となり、また論争となる。そのような機会が思いもかけず日常の場に生じる環境をとてもありがたく思う。研究領域の近い先述の鈴木晶子先生、矢野智司先生、そして西平直先生をはじめとして、さまざまな方々の共感の表明によって励まされ、疑問の提示によって常に刺激を与えていただいている。探究することを愛してやまない職場の人びとと学生たちに対して、敬意と感謝の気持ちでいっぱいである。

名古屋大学（二〇一二年）、東京大学（二〇一三年）、大阪大学（二〇一三年）、広島大学（二〇一四年）において本書のテーマを掲げて集中講義を担当させていただいた経験も、私の糧となっている。講義の主題と視点を提示すると、受講生たちは自由な発想で多様な事例――家庭、幼稚園、児童自立支援施設、インターネット空間、海外の事例も含むさまざまな都市など――を挙げて議論に参加してくれた。そうした個別の事例についてはここでは言及しなかったが、議論のなかで交わされた言葉の数々が本書の意義を自問する私を支えてくれた。さまざまな場所で問いを投げかけると、その答えには場所の相違が有形無形に反映するように感じられる。思えば、私自身がこれまで一四度の引っ越しを経験し、鳥取、広島、ベルリンを経由した後に、神戸、東京と移動して、そして現在、京都にいる。恩師である小笠原道雄先生、坂越正樹先生、今井康雄先生、ハインツ・エルマー・テノルト先生をはじめとして、それぞれの地で影響を受けた方々とともに、そうした複数の空間そのものが私を変えていく。そのような個人の経験自体が、本書の主題に反映しているのかもしれない。

最後になったが、本書の刊行に際しては、ご担当いただいた勁草書房編集部の藤尾やしお氏にたいへんお世話になった。ほんとうにありがとうございました。

本書は、文部科学省／独立行政法人日本学術振興会科学研究費（基盤研究(C) 平成二三年度－二五年度　課題番号二三五三一〇〇五「新教育運動期における学校の『アジール』をめぐる教師の技法に関する比較史的研究」、基盤研究(C) 平成二六年度－二八年度　課題番号二六三八一〇五三「新教育運動期における都市計画と学校の遊び環境の公共性に関する比較教育史的研究」、基盤研究A　平成二五年度－平成二九年度　課題番号二五二四五〇七二「学校を中心とする教育空間における力動的秩序形成をめぐる多次元的研究」）、基盤研究（B）平成二七－二九年度　課題番号一五H〇三四七八「教育空間におけるモノとメディア――家その経験的・歴史的・理論的研究」、基盤研究(C) 平成二七－二九年度　課題番号一五K〇四二二六「学習アーキテクチャとしての『記憶空間』の形成原理および問題改善の研究」）をとおして推進された研究成果の一部である。

二〇一五年八月

山名　淳

人名索引

ラ行

ワ行

事項索引

ア行

カ行

サ行

タ行

ナ行

ハ行

マ行

ヤ行

ラ行

ワ行

著者略歴

1963年生まれ
1991年　広島大学大学院教育研究科博士課程後期退学
現　在　京都大学大学院教育学研究科准教授
主　著　『教育思想史で読む現代教育』（共著，勁草書房，2013），『「もじゃペー」に〈しつけ〉を学ぶ――日常の「文明化」という悩みごと』（東京学芸大学出版会，2012），『システムとしての教育を探る』（共著，勁草書房，2011），『夢幻のドイツ田園都市――教育共同体ヘレラウの挑戦』（ミネルヴァ書房，2006），『教育人間論のルーマン』（共著，勁草書房，2004），『ドイツ田園教育舎研究』（風間書房，2000）ほか

［教育思想双書10］

都市とアーキテクチャの教育思想
保護と人間形成のあいだ

2015年８月30日　第１版第１刷発行

著　者　山《やま》　名《な》　　淳《じゅん》
発行者　井　村　寿　人

発行所　株式会社　勁《けい》　草《そう》　書　房

112-0005　東京都文京区水道2-1-1　振替　00150-2-175253
（編集）電話　03-3815-5277／FAX　03-3814-6968
（営業）電話　03-3814-6861／FAX　03-3814-6854
堀内印刷所・松岳社

ISBN978-4-326-29882-2　　Printed in Japan